CANA DE GALILEA
Y SU LOCALIZACION

ISSN 0575-0741

CAHIERS DE LA REVUE BIBLIQUE

45

CANA DE GALILEA Y SU LOCALIZACION

Un examen crítico de las fuentes

por

Julián HERROJO

*Del Instituto Español Biblico y Arqueológico
de Jerusalén*

PARIS

J. GABALDA et Cie Éditeurs
Rue Pierre et Marie Curie, 18

—

1999

ISBN : 2-85021-118-4
ISSN : 0575-0741

TABLA DE MATERIAS

OBRAS CITADAS

ABEL, F.M., *Géographie de la Palestine*. 2 vols. Paris 1933-1938.
——, "Itinéraire aux Lieux Saints du P. Yves de Lille (1624-1626)", en *Études Franciscaines* (1932) 468-502 y 677-697 [= *Revue Biblique* 40 (1931) 249-268 y 564-578]; (1933) 208-224 y 299-315.
ABOUL HASSAN ALY EL-HEREWY, *Description des Lieux Saints de la Galilée et de la Palestine*. Traduite par Charles Schefer. Gênes 1881.
ABUL-HASAN ALI B. BAKR AL-HARAWI, *Guide des Lieux de Pèlerinage*. Traduction annotée par Janine Soudel-Thomine. Damas 1957.
Acta Sanctorum, Augusti, t. V. Parisiis 1868.
ADRICHOMIUS (CHRISTIAAN KRUICK VAN ADRICHUM), *Theatrum Terrae Sanctae et Biblicarum Historiarum cum Tabulis Geographicis*. Antuerpiae 1682.
AHARONI, AVI-YONAH Y OTROS, *The MacMillan Bible Atlas*. Jerusalem 1976, (2ª ed.).
AHARONI, Y., *The Land of the Bible. A Historical Geography*. Philadelphia, 1979 (2ª ed.).
ALBRIGHT, W.F., "Some Archaeological and Topographical Results of a trip Through Palestine", en *BASOR* 11 (1923) 3-14.
ALLIATA, E., "Cana di Galilea. La ricerca dell'archeologia", en *La Terra Santa* (gennaio-febraio 1999) 11-18.
ANTIN, P., *Saint Jérôme. Sur Jonas*. SCh n° 43. Paris 1956.
ARIOSTI DE BONONIA, FR. ALEXANDRI, *Topographia Terrae Promissionis*. Roma, 1863.
AVEZAC, M. D'. *Relation des voyages de Saewulf à Jérusalem et en Terre-Sainte*. Paris, 1839.
AVI-YONAH, M., "Mosaic Pavements in Palestine", en *QDAP* 2 (1933) 136-181; 3 (1934) 26-74; 4 (1935) 187-193.
BAGATTI, B., *Antichi Villaggi Cristiani di Galilea*. Gerusalemme 1971.
——, "Le Antichitá di Kh. Qana e di Kefr Kenna in Galilea", en *LA* 15 (1964-65) 251-299.
——, "L'Inedito itinerario in Palestina nel 1514 del mercante Barbone Morosini", en *La Terra Santa* 25 (febbraio 1950) 48-52.
BALDI, D., *Enchiridion Locorum Sanctorum*. Jerusalem 1982, (2ª ed.).
BARNES, D.T., "The Composition of Eusebius Onomasticon", en *JThSt* 26 (1975) 412-415.

BARROIS, A.G., *Manuel d'Archéologie Biblique*. Paris 1953.

[BEAUGRAND, F.] *Relation fidele du voyage de la Terre Sainte, par un religieux de S. François Observantain, qui a fait le Voyage trois fois*. Paris 1760.

BONFRERIUS, JACOBUS, *Onomasticon Urbium et Locorum Sacrae Scripturae seu Liber de Locis Hebraicis*, edición de Blasio Ugolino, *Thesaurus Antiquitatum Sacrarum*, Volumen Quintum, Venetiis 1746.

BONGARS, J., *Gesta Dei per Francos*. Tomus I. Hanoviae 1611.

BOTTINI, DI SEGNI, ALLIATA (eds.), *Christian Archaeology in the Holy Land. New discoveries. Essays in honour of Virgilio C. Corbo, ofm*. Jerusalem 1990.

BOUCHER, *Le Bouquet Sacré, ou Le Voyage de la Terre Sainte*. Nancy 1615.

BULST, M.L. & W., *Theodericus. Libellus de Locis Sanctis*. Heidelberg 1976.

CARMOLY, E., *Itinéraires de la Terre Sainte des XIIIe, XIVe, XVe, XVIe et XVIIe siècle*. Paris 1847.

CASTAGNA, V. (ed.), *Pellegrinaggio ai Luoghi Santi. Liber Peregrinationis di Jacopo da Verona*. Verona, 1990.

CASTELA, H. DE, *Le Sainct Voyage de Hierusalem*. Bordeaux 1603.

CIVEZZA, M. DA, (ed.), "Viaggio di Barbone Morosini ai Luoghi di Terra Santa fatto l'anno 1514", en *Le Missioni Francescane* (Luglio 1891) 230-236 y (Gennaio 1892) 162-172.

CLERMONT-GANNEAU, CH., *Recueil d'Archéologie Orientale*. 8 Vols., Paris 1888-1924.

——, "La Mosaïque hébraïque de Kefr Kenna", en *RAO* IV, 345-360.

——, "Le Pèlerinage de Nâseri Khosrau d'Acre à Tibériade", en *RAO*, I, 303-319.

——, "Les inscriptions phéniciennes du temple d'Echmoun à Sidon", en *RAO*, V, 217-267.

——, "Roûmè et le tombeau de Juda", en *RAO*, I, 323-4.

——, "Sarâqa et le sépulcre de Benjamin", en *RAO*, I, 324ss.

CONDER, C.R. "Note on Various Jewish Traditions as to the Place Where Messias Should be Born", en *PEFQS* (1876) 98-99.

D'AVEZAC, *véase* AVEZAC, M. D'

DALMAN, G., *Les Itinéraires de Jésus*. Paris 1930.

DELABORDE, H.F., *Chartes de Terre Sainte provenant de l'Abbaye de N.-D. de Josaphat*. Paris 1880.

DELAVILLE LE ROULX, J., *Cartulaire Général des Hospitaliers de Saint Jean de Jérusalem*. 4 Vols. Paris 1894-1906.

——, *Les Archives, la Bibliothèque et le Trésor de l'Ordre de Saint-Jean de Jérusalem à Malte*. Paris 1883.

DONNER, H., "Die Palästinabeschreibung des Epiphanius Monachus Hagiopolita", en *ZDPV* 87 (1971) 42-91.

DONNER, H. - RÖLLING, W., *Kanaanäische und Aramäische Inscriften*. Wiesbaden 1964.

DOVBDAN, I. [JEAN DOUBDAN], *Le Voyage de la Terre-Sainte.* Paris 1691. La 1ª edición es anónima: Paris 1654.

DUSSAUD, R., *Topographie Historique de la Syrie Antique et Médiévale.* Paris 1927.

——, "Les travaux et les découvertes archéologiques de Charles Clermont-Ganneau (1846-1923)", en *SYRIA* 24 (1923) 149.

DUVAL, Y.M., *Jérôme. Commentaire sur Jonas.* SCh n° 323. Paris 1985.

EGESIPPO, *véase* EUGESIPPUS.

EPIFANIO, SAN, *Panarion (Adversus Haereses), (PG* 41, 173-1200).

EPIPHANIUS MONACHUS, *Enarratio Syriae. (PG* 120, 259-272).

EUGESIPPUS, *De Locis Sanctis (PG* 133, 991-1003).

EUSEBIO DE CESAREA, *Onomasticon.* Véase: KLOSTERMANN, E.

FEDANZOLA DE PERUSIO, JOHANNES, *Descriptio Terrae Sanctae,* (en prensa).

FEYS, E., *Voyage d'Anselme Adornes au mont Sinaï et à Jerusalem.* Bruges 1893.

FRESCOBALDI FIORENTINO, LEONARDO DI NICCOLÒ, *Viaggio in Egitto e in Terra Santa.* Roma 1893.

FRETELLUS, *Liber Locorum Sanctorum Terrae Jerusalem (PL* 155, 1037-1054).

GAL, Z., *Lower Galilee during the Iron Age.* Indiana 1992.

GARZANITI, M., (ed.). *Daniil Egumeno: Itinerario in Terra Santa.* Roma 1991.

GEISSLER, E., "Das wahre, biblische Cana in Galiläa im heutigen Kefer Kana", en *"Die Posaune des heil. Kreuzes".* Wien 1901, 59-64.

——, "Die Kirche von Cana in Galiläa", en *Der Kreuzfahrer Kalendar,* Washington 1905,

——, "Il Venerabile Santuario Principale di Cana-Galilea", en *DTS* 5 (1885 Núm. 2-3), pp. 96-114.

GEYER, P., *Itinera Hierosolymitana saeculi IIII-VIII. (CSEL* XXXVIIII). Vindobonae 1898.

GILDEMEISTER, J., *Antonini Placentini Itinerarium.* Bonn 1889.

——, *Theodosius. De Situ Terrae Sanctae.* Bonn 1882.

GOLUBOVICH, G., *Biblioteca Bio-Bibliografica della Terra Santa e dell'Oriente Francescano. Annali. Tomo I: Annali di Terra Santa dal 1215 al 1300.* Quaracchi 1906; *Tomo III: Annali di Terra Santa dal 1300 al 1332.* Quaracchi 1919; *Tomo V: Annali di Terra Santa dal 1346 al 1400.* Quaracchi 1927.

——, *Biblioteca Bio-Bibliografica della Terra Santa e dell'Oriente Francescano. Documenti. Tomo X: Croniche o Annali di Terra Santa del P. Pietro de Montepeloso. Tomo V (Supplemento: 1504-1637).* Quaracchi 1936.

——, *Serie Cronologica dei Rev.mi Superiori di Terra Santa (1218-1898).* Gerusalemme 1898.

GOODENOUGH, E. R., *Jewish Symbols in the Greco-Roman Period.* (12 vols., New York 1953-1965), Vol. III, New York 1953.

GUÉRIN, M.V., *Description Géographique, Historique et Archéologique de la Palestine.*(7 Vols.) *3ᵉ partie: Galilée.* 2 Vols. Paris 1880.

HASSELQUIST, F., *Voyages dans le Levant dans les années 1749-1752.* Paris 1769.

HAYES, LOUIS DES, *Voyage de Levant fait par le commandement du Roy, en l'année 1621 par Le S.D.C.* Paris 1632.

HEERS, J. - GROER, G., *Itinéraire d'Anselme Adorno en Terre Sainte (1470-1471).* Paris 1978.

HEPWORTH DIXON, W., "Itineraries of Our Lord", en *PEFQS* (1878) 67-73.

HEYD, U., *Ottoman Documents on Palestine, 1552-1615.* Oxford 1960.

Itineraria et Alia Geographica. (*CCSL*, 175), Thurnolti 1965.

JERÓNIMO, SAN, *Liber de Situ et Nominibus Locorum Hebraicorum,* (*PL* 23, 903-976; *CCSL* 76).

——, *Commentariorum in Jonam Prophetam* (*PL* 25, 1117-1152); Ed. de Y.M. DUVAL, *Commentaire sur Jonas.* SCh n° 323. Paris 1985; Ed. de P. ANTIN, *Sur Jonas.* SCh n° 43. Paris 1956.

——, *Epístolae* (*PL* 22, 325-1224; *Epistola 46:* col. 483-492; *CSEL* LIV); J.B. VALERO (ed.), *San Jerónimo. Epistolario.* Madrid 1993.

JOSEFO, FLAVIO, *Las Guerras Judaicas.*

——, *Autobiografía.*

KALLAI, Z., *Historical Geography of the Bible. The Tribal Territories of Israel.* Jerusalem 1986.

KHITROWO, B. de, *Itineraires russes en Orient.* Génève 1889.

KLOSTERMANN, E. (ed.), *Eusebius Werke III, 1. Das Onomastikon der Biblischen Ortsnamen.* Leipzig, 1904.

KOPP, C., *Das Kana des Evangelium.* Koln 1940.

——, *Die Heiligen Staetten der Evangelien.* Regensburg 1958; trad. francesa: *Itinéraires Evangéliques.* Tours 1964,; trad. italiana: *I Luoghi Santi degli Evangeli.* Milano 1958.

LAURENT, C.M., *Peregrinatores Medii Aevi Quattuor.* Lipsiae, 1864.

LOFFREDA, S., "Scavi a Kafr Kanna", en *LA* 19 (1969) 328-348.

LUCKENBILL, D.D., *The Annals of Sennacherib.* Chicago 1924.

——, *Ancient Records of Assiria and Babylonia.* Chicago, 1927.

MACKOWSKI, R.M., "Scholars Qanah. A re-examination of the evidence in favor of Khirbet-Qanah", en *BZ* 23 (1979) 278-284.

MANNS, F., "Joseph de Tiberiade, un judeo-chrétien du quatrième siècle", en *Christian Archaeology in the Holy Land. New discoveries,* Jerusalem 1990, 553-559.

MARMARDJI, A.S., *Textes Géographiques Arabes sur la Palestine.* Paris 1951.

MAS LATRIE, M.L. DE (ed.), *Chronique d'Ernoul et de Bernard le Trésorier.* Paris 1871.

MASTERMANN, E.W.G., "Cana of Galilee", en *PEFQ* (1914) 179-183.

MAUNDRELL, H., *A Journey from Aleppo to Jerusalem at Easter, A.D. 1697.* Oxford 1746 (2ª ed).

MEISTERMANN, B., *Guida di Terra Santa*. Firenze 1925; *Guide de Terre Sainte*. Paris 1935.

MERTENS, H.A., *Manual de la Biblia*. Barcelona 1989 (traducción del original alemán *Handbuch der Bibelkunde*. Düsseldorf 1984).

MICHELANT, H. - RAYNAUD, G., *Itinéraires à Jérusalem et Descriptions de la Terre Sainte rédigés en français aux XIe, XIIe et XIIIe siècles*. Genève 1885.

MILANI, C., *Itinerarium Antonini Placentini*. Milano 1977.

MOMIGLIANO, A. L. (ed.), *Viaggio in Terrasanta di Santo Brasca, 1480, con l'Itinerario di Gabriele Capodilista, 1458*. Milano, 1966.

MONNERET DE VILLARD, U. (ed.), *Liber Peregrinationis di Jacopo da Verona*. Roma 1950.

MORONE DA MALEO, M., *Terra Santa nuovamente illustrata*. Piacenza 1669.

MOROSINI, BARBONE, Véase *Pellegrinaggio*.

NAU, M., *Voyage Nouveau de la Terre-Sainte*. Paris 1679 y Paris 1757.

NEBENZAHL, K., *Maps of the Holy Land*. New York 1986.

NEUEBAUER, A., *La Géographie du Talmud*, Paris 1868.

NEUMANN, W.A., "La Descriptio Terrae Sanctae de Belardo d'Ascoli (1112-1120)", en *Archives de l'Orient Latin*. Paris 1881, I, 225-229.

——, "Philippo Descriptio Terrae Sanctae", en *OVKT* (1872)

——, *OVKT* (1868) 397-438.

——, *OVKT* (1866) 221-257.

——, *TTQ* (1874) 534-539.

NORTH, M., *Aufsätze zur biblischen Landes und Altertumskunde*. Neunkirchen 1971.

Pellegrinaggio di Barbone Morosini (1514), (inédito), manuscrito de la Biblioteca del Studium Biblicum Franciscanum de Jerusalén, copia de otro de la Biblioteca Marciana de Venecia.

PERRELLA, G., *I Luoghi Santi*. Piacenza 1936.

PHOCAS, JOHANNES, *Descriptio Terrae Sanctae*. (*PG* 133, 927-962).

PILTER, W.T., "Where is Cana of Galilee?", en *PEFQS* (1883) 143-148.

POGGIBONSI, FRA NICCOLÒ DA, *Libro d'Oltramare (1346-1350)*. Gerusalemme 1945; Edición de A. BACCHI DELLA LEGA, Bologna 1881; Edición anónima: *Viaggio da Venetia al Sancto Sepulchro et al monte Sinai*. Venetia, 1518; Ediciones pseudónimas de FR. NOÈ, *Viaggio da Venezia al S. Sepolcro ed al monte Sinai*. Bassano, 1680, 1740, 1742 y 1791.

PRAWER, J., *Histoire du Royaume Latin de Jérusalem*. 2 Vols. Paris 1975.

PRITCHARD, J. (ed.), *Ancient Near Eastern Texts* (*ANET*). Princeton 1950; Traducción española resumida: *La sabiduría del Antiguo Oriente*. Barcelona 1966.

QUARESMIUS, FRANCISCUS, *Historica Theologica et Moralis Terrae Sanctae Elucidatio*. 2 Vols., Antuerpiae 1639; edición de Cypriano de Tarvisio, 2 Vols., Venetiis 1881; edición bilingüe de SABINO DE SANDOLI, Jerusalem 1989 (selección de textos).

RELANDI, HADRIANI, *Palaestina ex Monumentis Veteribus Illustrata.* Trajecti Batavorum [Utrech] 1714.

ROBERTS, D., *The Holy Land,* London 1990.

ROBINSON, E. - SMITH, E., *Biblical Researches in Palestine, Mount Sinai and Arabia Petraea.* Boston 1841.

ROBINSON, G., *Voyage en Palestine et en Syrie.* Paris 1838.

ROGER, E., *La Terre Sainte ou Description Topographique très-particuliere des saints Lieux & de la Terre de Promission.* Paris 1664.

RÖHRICHT, R., *Bibliotheca Geographica Palaestinae.* Berlin 1890.

——, *Geschichte des Königreiches Jerusalem.* Innsbruck 1898.

——, *Regesta Regni Hierosolymitani.* Oeniponti 1893.

——, "Karten und Pläne sur Pälastinakunde aus dem 7. bis 16. Jahrhundert." *Tafel* I, en *ZDPV* 14 (1891) 8-11.

——, "Le pèlerinage du moine augustinien Jacques de Vérone (1335)", en *ROL,* III, 2°. Jerusalem 1895.

——, "Marino Sanudo sen. Als Kartograph Palästinas" en *ZDVP* 21 (1898) 84-126 y *Tafel* 2.

SAARISALO, A. "Topographical Researches in Galilee", en *JPOS* 9 (1929) 27-40.

SALIGNIACO, BARTHOLOMAEO DE, [BARTHÉLEMY DE SALYGNAC], *Itinerarium Sacrae Scripturae, hoc est Sancta Terrae, regio numque finitimarum Descriptio...",* Magdeburgi 1593.

SANDOLI, S. DE., *Itinera Hierosolymitana Crucesignatorum (sec. XII-XIV).* IV Vols., Jerusalem 1978-1984.

SANUTUS, MARINUS, *Liber Secretorum Fidelium Crucis Super Terrae Sanctae.* Hanoviae 1611, (edición anastática: Jerusalem 1972).

SCHEFER, CH., *Sefer Nameh. Rélation du voyage de Nassiri Khosrau.* Paris 1881.

——, (ed.), *Aboul Hassan Aly El-Herewy, Description des Lieux Saints de la Galilée et de la Palestine.* Gênes 1881.

SCHNEIDER, A., "Das Itinerarium des Epiphanius Hagiopolita", en *ZDPV* 63 (1940) 143-154.

SIGOLI, SIMONE, *Viaggio in Terra Santa ed il Fiore di Virtù.* Torino, 1884.

SIMONS, J., *The Geographical and Topographical Texts of the Old Testament.* Leiden 1959.

SODAR DE VAULX, *Los esplendores de Tierra Santa.* (Traducción del francés) Madrid 1892.

SOUDEL-THOMINE, JANINE, *Abul-Hasan Ali B. Bakr Al-Harawi. Guide des Lieux de Pèlerinage.* Damas 1957.

STEPHANUS RAGUSINUS, BONIFACIUS [BONIFACIO DE RAGUSA], *Liber de Perenni Cultu.* Venetiis 1875.

STEWAR, A. (ed.), *The History of Jerusalem A.D. 1180 by Jacques de Vitry.* London 1896.

STOCHOVIO, VINCENT, *Voyage du Levant.* Bruxelles 1662 (3ª ed.).

STORME, A., "Le voyage d'A. Adornes en Terre Sainte", en *LA* 31 (1981) 199-216.

STRANGE, G. LE, *Palaestine Under the Moslems. A Descriptio of Syria and the Holy Land from A.D. 650 to 1500.* London 1890.

STRANGE, J.F., "Cana of Galilee", en *The Anchor Bible Dictionary*. New York 1992, I, 827.

——, "Survey of Lower Galilee, 1982 (notes and news)", en *IEJ* 32 (1982) 254s.

SURIANO, F., *Il Trattato di Terra Santa e dell'Oriente*. Milano, 1900.

TESTA, E., *Maria Terra Vergine*. 2 Vols., Jerusalem 1985.

TOBLER, T., *Descriptiones Terrae Sanctae ex saeculo VIII, IX, XII et XV.* Leipzig 1874.

——, *Magistri Thetmari iter ad Terram Sanctam anno 1217.* St. Gallen-Bernae 1865.

——, *Theodorici Libellus de Locis Sanctis*. Paris 1865.

TOBLER, T. & MOLINIER, A., *Itinera Hierosolymitana et Descriptiones Terrae Sanctae*. Genevae 1879.

TOSCOLANO, FAOSTINO DA, *Itinerario di Terra Santa*. Spoleto 1992.

UGOLINO, BLASIO., *Thesaurus Antiquitatum Sacrarum*. (34 Vols., 1744-1769). Volumen Quintum, Venetiis 1746.

VIAUD, P., *Nazareth,* Paris 1910.

VITRIACO, JACOBI DE, [JACQUES DE VITRY], *Historia Iherosolimitana Abbreviata,* en J. Bongars, *Gesta Dei per Francos*. Tomus I. Hanoviae 1611.

VOGÜÉ, M. DE, *Les Eglises de la Terre Sainte*. Paris 1860.

WIRZIBURGENSIS, JOHANNES, *Descriptio Terrae Sanctae,* (*PL* 155, 1053-1090).

WISEMANN, D.J. voz "Sidon", en *Illustrated Encyclopedia of Bible Places*. Leicester, 1995, 284; y en *The Illustrated Bible Dictionary*. Leicester 1980, III, 1450.

WRIGHT, T. (ed.), *Early Travels in Palestine*. London 1848.

SIGLAS

AA.SS.	*Acta Sanctorum.*
ANET	*Ancient Near Eastern Texts.*
BASOR	*Bulletin of the American Schools of Oriental Research.* Cambridge. Mass.
BZ	*Biblische Zeitschrift.* Paderborn.
CCSL	*Corpus Christianorum Series Latina.* Turnhout.
CSEL	*Corpus Scriptorum Ecclesiasticorum Latinorum.* Vienna.
DTS	*Diarium Terrae Sanctae.* Gerusalemme.
EF	*Études Franciscaines.* Paris.
GJ	Flavio Josefo. *Guerras Judaicas.*
IEJ	*Israel Exploration Journal.* Jerusalem.
JPOS	*Journal of the Palestine Oriental Society.* Jerusalem.
JThSt	*Journal of Theological Studies.* Oxford.
LA	*Liber Annuus.* Gerusalemme.
OVKT	*Oesterreich Vierteljahrschrift für Katholikin Theologie.*
PEFQ	*Palestinian Exploration Fund Quarterly.* London.
PEFQS	*Palestinian Exploration Fund Quarterly Statement.* London.
PG	J.P. Migne. *Patrologiae cursus completus, series Greca.* Paris.
PL	J.P. Migne. *Patrologiae cursus completus, series Latina.* Paris.
QDAP	*The Quarterly of the Department of Antiquities in Palestine.* Jerusalem.
RAO	Clermont-Ganneau. *Recueil d'Archéologie Orientale.*
TGA	Marmardji. *Textes Geografiques Arabes sur la Palestine.*
ROL	*Revue de l'Orient Latin.*
SCh	*Sources Chrétiennes.* Paris.
TTQ	*Tubingen Theologie Quartalschrift.* Tubinga.
ZDPV	*Zeitschrift des Deutschen Pälastina-Vereiuns.* Wiesbaden, Leipzig.

INTRODUCCION

La actual villa de Kafr Kanna (MR 182239), al NE de Nazaret, en Galilea, ha asumido desde hace algo más de cuatro siglos, el honor de ser la evangélica localidad donde Jesucristo, en una nueva Epifanía, manifestó por primera vez su divinidad con el milagro de la conversión del agua en vino.

Esta identificación ha sido repetidamente puesta en duda fundamentalmente por el hecho de que la etimología de *Kafr Kanna* no se ve favorecida al ser comparada con las otras dos localidades que le disputan el mismo honor: Qana del Líbano, en las proximidades de Tiro, y las ruinas de Qana, *Khirbet Qana* (MR 178247), en el valle El-Battof, en árabe, o Bet Netofa, en hebreo, las cuales conservan un milenario nombre que corresponde exactamente al mismo del Evangelio de Juan. Abundando en esta duda está el hecho, bien conocido, de que algunos peregrinos de la Edad Media describen con certeza, en su itinerario de los Santos Lugares, el Caná del Battof y no Kafr Kanna.

Sin embargo, desde que en 1641 la Custodia franciscana de Tierra Santa adquirió una propiedad en Kafr Kanna y, sobre todo, desde que en 1881 se edificó la actual iglesia, no han cesado las voces ni los argumentos en favor de esta localización, bien que siempre en el ámbito católico.

Hasta la fecha no se ha hecho una investigación sistemática sobre Caná que abarque la totalidad de las fuentes conocidas. Este es el objeto del presente trabajo, sin ignorar la abundante bibliografía de los últimos cien años ni las valiosas aportaciones que se han hecho para llevar luz a este problema, entre las que destacan las de Clemens

Kopp[1] en defensa de la hipótesis de Kh. Qana[2], y las del recordado P. Bagatti[3] en favor de Kafr Kanna[4]. Ni una ni otra hipótesis han llegado a presentar conclusiones o pruebas del suficiente peso para ser unánimemente aceptadas, tal vez debido a que la hipótesis de Kh. Qana se ha basado casi exclusivamente en el argumento filológico y la tradicional de Kafr Kanna se asienta, a su vez, en otras hipótesis sin el suficiente apoyo histórico que pueda confirmarla.

Tras recopilar todas las fuentes históricas posibles sobre Caná, hemos estudiado detenidamente, en particular, los itinerarios de los peregrinos que la visitaron y describieron a lo largo de estos dos milenios con objeto de determinar qué lugar era el que visitaron y, por tanto, dónde estaba localizada la tradición sobre Caná con anterioridad a 1621, que es el año en que el embajador francés Louis des Hayes manifiesta, por primera vez, la existencia de una doble tradición sobre este evangélico lugar y, por lo tanto, una duda acerca de su localización.

---

[1] C. KOPP, *Das Kana des Evangelium*. Koln 1940. Su misma tesis viene retomada en *Die Heiligen Staetten der Evangelien*. Regensburg 1958, 184-195; trad. francesa: *Itinéraires Evangéliques*. Tours 1964, 271-285; trad. italiana: *I Luoghi Santi degli Evangeli*. Milano 1958, 246-263.

[2] La defiende, con ciertas reservas, el P. F.-M. ABEL, *Géographie de la Palestine*. Paris 1938, II, 412s. - E. ROBINSON - E. SMITH, *Biblical Researches in Palestine, Mount Sinai and Arabia Petraea*. Boston 1841, III, 204-208. - G. DALMAN, *Les Itinéraires de Jésus*. Paris 1930, 139-146. - W.F. ALBRIGHT, "Some Archaeological and Topographical Results of a trip Through Palestine", en *BASOR* 11 (1923) 11. En el mundo protestante es generalmente admitida.

[3] B. BAGATTI, "Le Antichitá di Kh. Qana e di Kefr Kenna in Galilea", en *Liber Annuus (LA)* XV (1964-65) 251-299. También *Antichi Villaggi Cristiani di Galilea*. Gerusalemme 1971, 42-48. La misma tesis viene asumida por E. TESTA, *Maria Terra Vergine*. Jerusalem 1985. II, 59-68.

[4] Esta tesis tradicional ha sido expuesta en multitud de ocasiones antes de llegar a la hipótesis más elaborada del P. Bagatti. Véanse, p.ej: B. MEISTERMANN, *Guida di Terra Santa*. Firenze 1925, 548-556. - M.V. GUÉRIN, *Description Géographique, Historique et Archéologique de la Palestine. 3ᵉ partie: Galilée*. Paris 1880, I, 168-182. - E. GEISSLER, "Das wahre, biblische Cana in Galiläa im heutigen Kefer Kana", en *"Die Posaune des heil. Kreuzes"*. Wien 1901, 59-64. - W.T. PILTER, "Where is Cana of Galilee?", en *PEFQS* (1883) 143-148. - SODAR DE VAULX, *Gli Splendori di Terra Santa*. Milano 1891, 431-450. - E.W.G. MASTERMANN, "Cana of Galilee", en *PEFQ* (1914) 179-183. - E. GEISSLER, "Il Venerabile Santuario Principale di Cana-Galilea", en *DTS* 5 (1885) Núm. 2-3, pp. 96-114. - W. HEPWORTH DIXON, "Itineraries of Our Lord", en *PEFQS* (1878) 67-73. - G. PERRELLA, *I Luoghi Santi*. Piacenza 1936, 119-127.

1. El Método

La labor de recopilación de todas las fuentes históricas conocidas, tanto documentales como literarias, se puede reflejar esquemáticamente en esta sinopsis:

A. Fuentes bíblicas.
B. Fuentes literarias:
  1. Patrísticas: Eusebio y S. Jerónimo (ss. III-IV).
  2. Itinerarios y descripciones de peregrinos:
     -occidentales: de Sta. Paula (386) a Maundrell (1697).
     -orientales: de Epifanio (s. IX) a Basilio (1465).
  3. Fuentes judías: de Benjamín de Tudela (1160) al Anónimo "Los Sepulcros de los Justos" (1561).
  4. Fuentes musulmanas: de Khosrau (1047) a Sahin ad-Dahiri (1467).
  5. Fuentes documentales:
     -Cartulario de la Orden Hospitalaria de San Juan.
     -Documentos del período otomano (1552-1615).
C. Fuentes geográficas:
     -Musulmanas: de Yaqût (1225) a Sahin ad-Dahiri (1467).
     -Cartografía: del s. XII en adelante.

Obviamente, el grueso del material reunido procede de los itinerarios de peregrinos cristianos. En el estudio de estas fuentes[5] hemos utilizado el siguiente método:

1. Ponderación de la autoridad o credibilidad que merece el itinerario, atendiendo a un análisis de crítica interna de la totalidad del texto. Todas las informaciones no pueden ser aceptadas con el mismo valor, habida cuenta de los naturales errores humanos, la subjetividad inevitable en las apreciaciones de las distancias, la influencia de otros autores y textos de gran autoridad, con la consiguiente transmisión de posibles errores, la presencia de plagios y los posibles defectos en las transcripciones.

Ni siquiera hoy estamos ajenos, como es natural, a estos mismos errores y defectos. Vaya como ejemplo elocuente esta

---

[5] Hemos optado por respetar escrupulosamente la grafía original de las fuentes, tal como han sido publicadas, sin corregir los nombres propios que vienen escritos en minúscula, los comunes en mayúscula, o el uso circunstancial de la "u" por la "v", y viceversa, en los textos latinos y algunos franceses.

descripción geográfica que se hace de Séforis en 1956: *"Diocésarée: à 9 km. de Nazareth, vers le Thabor"*. Si no conociéramos con certeza la ubicación de Séforis sería imposible localizarla con este dato. De ningún modo se puede armonizar un error con un dato auténtico y, por tanto, en vano se debe intentar hacer lo mismo con la totalidad de datos de que disponemos si no es haciendo, en cada caso, un necesario discernimiento de valor en las fuentes. El primer paso a dar es, pues, sopesar todas las fuentes y datos para otorgar a cada uno una justa credibilidad, en la medida de lo posible.

2. Determinación del orden geográfico del itinerario o descripción de los peregrinos. Este instrumento se ha revelado de una extraordinaria utilidad, dado que el orden de un recorrido nos sitúa ya, generalmente, en uno u otro lugar, al tiempo que nos permite valorar no sólo los datos positivos, sino incluso también las omisiones. Es decir, que la descripción de Caná en el recorrido Nazaret-Tiberíades, por ejemplo, nos sitúa ya en Kafr Kanna, mientras que su omisión supone un serio inconveniente a esta misma localización.

3. Correlación de datos a partir de las descripciones ciertas. Algunos itinerarios orientan con tal precisión el lugar visitado que no ofrecen dudas en su localización y, lógicamente, excluyen la otra hipótesis. Por tanto, el resto de los datos descriptivos del mismo itinerario nos servirá para localizar el lugar visitado por otro peregrino cuando coincide su descripción del sitio pero es vaga su orientación local.

Esta misma correlación de datos nos ofrece una valiosa información cuando se interrelacionan los itinerarios de peregrinos cristianos con los judíos, musulmanes y las fuentes documentales que correspondan a un mismo período.

4. Consideración siempre crítica de las identificaciones en grado de probabilidad. Una identificación en grado de certeza afirma una hipótesis y al mismo tiempo hace imposibles las otras. No ocurre lo mismo cuando esta identificación es en grado de probabilidad y, por tanto, debe atenderse a considerar la otra hipótesis, aunque tenga mucho menos valor.

Al final del examen de los 60 itinerarios estudiados, las identificaciones ciertas, probables y posibles nos permitirá elaborar un útil cuadro de probabilidades de la localización.

5. Utilización en último lugar y muy prudentemente de la métrica o distancias que expresan los propios peregrinos en sus itinerarios y descripciones de Tierra Santa. Fácilmente se comprenderá que este recurso, prácticamente el único utilizado hasta ahora, está viciado de por sí, ya que ningún peregrino, ni del pasado ni de nuestros días, camina con una rueda de medir o un podómetro, y sus cálculos están hechos simplemente *grosso modo*, determinados, además, por la mejor o peor capacidad natural para estas apreciaciones, y en función del tiempo invertido y la dificultad de la orografía. Aún la medida de la legua, de por sí más orientativa, ya que expresa prácticamente una hora de camino, será diferentemente apreciada según el camino sea llano o montuoso y varíe la edad y la fortaleza del caminante o el medio de transporte utilizado. Incluso en el caso de que el peregrino nos ofreciera mucha confianza en el cálculo de sus distancias, siempre nos cabría la duda de saber si está describiendo millas italianas, germánicas, francesas de París o de Picardía, o simplemente romanas.

Para evidenciar la escasa utilidad de este recurso basta con observar las distancias que los peregrinos otorgan a un recorrido de sobra conocido, por ejemplo Jerusalén-Hebrón, y se comprobará la rica variedad de cálculos que ofrecen. Incluso hoy día, con los mapas computerizados, los cuenta-kilómetros de los coches y los podómetros de bolsillo, es tal la variedad informativa que hay para indicar la distancia que separa Nazaret de Kafr Kanna que resulta desconcertante, y así tenemos que Sodar de Vaulx dice que hay 1 ½ millas (2,5 km.); Guérin, 3 ½ millas (5 km.); Kopp, 6 km. en línea recta y 9 por carretera; la Enciclopedia Judaica, 4 millas (6 ½ km.); F. Díez, 7,5 km.; E. Hoade, 8 km.; y un rótulo de carreteras situado 200 metros antes de Kafr Kanna, cerca del Beit Rimon Junction, informa que Kafr Kanna está a 2 km. y Nazaret a 10. Aplicado el curvímetro sobre el mapa topográfico 1:50.000 del Survey of Israel nos proporciona la distancia de 7 km. y uno menos si se sigue el viejo camino de Reina/er-Reneh.

En resumidas cuentas, la aceptación sin más de las distancias que proporcionan los peregrinos resultaría más bien ser un inconveniente que un recurso positivo, máxime cuando la diferencia entre Séforis-Khirbet Qana y Séforis-Kafr Kanna es realmente insignificante. Si la distancia se mide, en cambio, desde Nazaret es ya más apreciable la diferencia y entonces sería de una cierta utilidad una valoración relativa de la distancia, viendo qué otro recorrido merece la misma distancia para el mismo peregrino, y hacer así una valoración comparativa y siempre prudente.

MAPA GENERAL

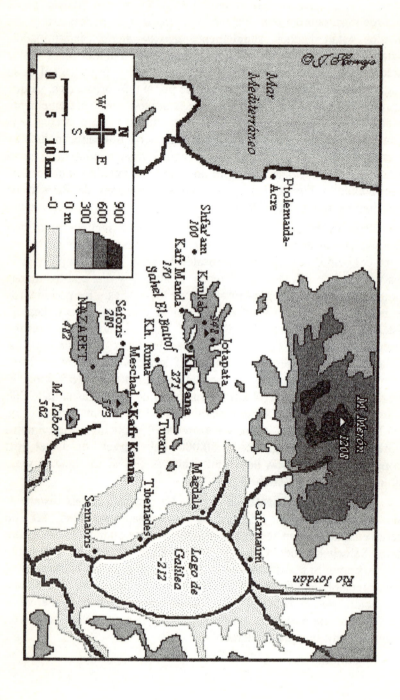

Primera Parte

LAS FUENTES BIBLICAS

2. El Libro de Josué

Caná de Galilea es mencionada por el Evangelio de Juan cuatro veces. En el Antiguo Testamento también aparece un torrente de Caná que servía de límite a las tribus de Efraím y Manasés (Jos 16,8 y 17,9), que no guarda ninguna relación con la localidad evangélica. En cambio, el mismo libro de Josué (19,28) menciona una localidad también llamada Caná entre las que correspondían al territorio de la tribu de Aser:

> "Su territorio [de Aser] (...) tocaba por el norte en Zabulón y en el valle de Yiftah-El, y Bet Haemeq y Neiel, yendo a parar hacia Kabul por la izquierda, con Abdón, Rejob, Jammnón y Caná, hasta Sidón la Grande. El límite volvía a Ramá y hasta la plaza fuerte de Tiro y hasta Josá, e iba a terminar en el mar".

Hoy es comúnmente admitido que esta población también llamada Caná se trata de Qana de Fenicia o del Líbano, en las cercanías de Tiro, y no Caná de Galilea, dado que el trío restante de ciudades se localiza también entre Acre y Tiro. Sin embargo, es perfectamente explicable que autoridades como Eusebio y San Jerónimo hayan podido interpretar que el Caná mencionado por Josué es el de Galilea, dado que también éste está en la tribu de Aser.

En efecto, Qana del Battof o de Galilea, hoy *Khirbet Qana* (ruinas de Caná), está situada en la margen septentrional del valle de Netofa o Battof, que es la identificación comúnmente aceptada del bíblico Yiftah-El, que servía de límite entre Zabulón y Aser[6]. Las

---

[6] J. SIMONS S.J., *The Geographical and Topographical Texts of the Old Testament.* Leiden 1959, 182, 190, 191. - F.M. ABEL, *Géographie de la Palestine.* Paris 1933, I,

discrepancias vienen dadas únicamente sobre la prolongación de la línea divisoria hasta llegar al mar, ya que no se presenta un límite natural tan claro como lo es el valle del Battof, si bien la opinión más aceptada sitúa esta prolongación en el *wadi el-Halladiyeh*, que parte de *Hannathon-Tell el-Bedewiyeh* (MR 174243) y es el curso alto del *wadi el-Malik (o el-Melek)*, hoy llamado también *Nahal Sippori*[7]. Es decir, que en cualquiera de los casos Qana del Battof o de Galilea estaría siempre incluida en la tribu de Aser, justamente en su límite meridional.

En las fuentes extrabíblicas es mencionada Caná de Galilea en la lista de ciudades y cautivos de Tiglatpileser III[8], dado que las otras ciudades que se incluyen junto a Caná están localizadas todas ellas en el mismo Sahel el-Battof: *Jotbath* (Yodepat, Yodefat, Yodfat, Jiffat, Jefat o Jotapata), *Arumah* (Kh. Ruma), también mencionada, como Caná, por Josefo[9] y el Talmud[10] y *Hannathon* (Tell el-Bedeiwiye, MR 174243).

3. El Evangelio de Juan

Juan es el único evangelista que habla de Caná, y además 4 veces en 3 perícopas: en 2,1-11 (milagro de la conversión del agua en vino), 4,46-54 (curación del hijo de un funcionario real) y 21,2 (patria de Natanael) Llama un poco la atención esta insistencia en contraste con los sinópticos. Sin darle excesivo valor, se podría encontrar una cierta explicación en el dato que nos ha dejado la tradición de los peregrinos, que sitúan la patria de los Zebedeos en *Safrán* (actual Shfar'am)[11], a 11 Km. en línea recta de Kh. Qana en el camino de Acre. Si el Caná evangélico fuese esta Kh. Qana, que es una de las

---

398s. - AHARONI, AVI-YONAH y otros, *The MacMillan Bible Atlas*. Jerusalem 1976, 2ª ed, 158.

[7] Z. GAL, *Lower Galilee during the Iron Age*. Indiana 1992, 100. - ABEL, *Géographie*, I, 398. - Z. KALLAI, *Historical Geography of the Bible. The Tribal Territories of Israel*. Jerusalem 1986, 188s. - M. NORTH, *Aufsätze zur biblischen Landes und Altertumskunde*. Neunkirchen 1971, I, 256. - Y. AHARONI, *The Land of the Bible. A Historical Geography*. Philadelphia, 1979 (2ª ed.), 257s.

[8] J.B. PRITCHARD (ed.), *Ancient Near Eastern Texts (ANET)*. Princeton 1950, 283. - Aharoni, *The Land of the Bible*, 372.

[9] FLAVIO JOSEFO, *GJ*, III, 7,21 (233)

[10] A. NEUEBAUER, *La Géographie du Talmud*, Paris 1868, 203

[11] Modernamente se dice que la patria de los Zebedeos era Jafa de Nazareth, debido a un error de transcripción de *Castrum Zafetanum*, que dice Ricoldo de Monte Crucis, forma latinizada de *Safran*, como dicen todos los peregrinos.

hipótesis, sería una localidad bien conocida por Juan, dada su relativa proximidad, y esto podría explicar también su presencia en las bodas, según parece desprenderse del relato evangélico, tan lleno de pequeños detalles, propio del ojo observador de Juan.

"Tres días después se celebraba una boda en Caná de Galilea y estaba allí la madre de Jesús. Fue invitado también a la boda Jesús con sus discípulos. Y, como faltara vino, porque se había acabado el vino de la boda, le dice a Jesús su madre: "No tienen vino". Jesús le responde: "¿Qué tengo yo contigo, mujer? Todavía no ha llegado mi hora". Dice su madre a los sirvientes: "Haced lo que él os diga".

"Había allí seis hidrias de piedra, puestas para las purificaciones de los judíos, de dos o tres metretas cada una. Les dice Jesús: "Llenad las hidrias de agua". Y las llenaron hasta arriba. "Sacadlo ahora, les dice, y llevadlo al maestresala" [Vulgata: architriclino]. Ellos lo llevaron. Cuando el maestresala probó el agua convertida en vino, como ignoraba de dónde era (los sirvientes, los que habían sacado el agua, sí que lo sabían), llama el maestresala al novio y le dice: "Todos sirven primero el vino bueno y cuando ya están bebidos, el inferior. Pero tú has guardado el vino bueno hasta ahora". Así, en Caná de Galilea, dio Jesús comienzo a sus señales. Y manifestó su gloria, y creyeron en él sus discípulos. Después bajó a Cafarnaúm con su madre y sus discípulos, pero no se quedaron allí muchos días" (Jn 2, 1-11).

Dice Juan que había allí seis hidrias o tinajas de piedra destinadas a las purificaciones de los judíos, de unas dos o tres medidas (metretas) cada una. Cierto que no faltan exégetas que, buscando simbolismos a todo, se han fijado en el número seis como expresión de la imperfección judaica (siete menos uno), y por lo tanto no correspondería a ninguna realidad material, pero del conjunto no parece desprenderse que sea un dato alegórico, sino más bien al contrario.

La *metreta*, en el tiempo del Nuevo Testamento, era una medida de capacidad equivalente a 29,4 litros;[12] por tanto dos o tres metretas equivalen a unos 60-90 litros de capacidad para cada hidria, que eran de piedra, dice Juan, sin duda para no hacerse ritualmente impuras,

---

[12] A.G. BARROIS, *Manuel d'Archéologie Biblique*. Paris 1953. Tomo II, 248-252.

como podría suceder si fueran de barro, pues estaban destinadas a tales purificaciones.

No deja de llamarnos la atención esta abundancia de hidrias y de almacenamiento de agua, unos 500 litros, para las solas purificaciones en un lugar no público, sino privado. Este detalle nos parece un indicio de que el lugar no era abundante en caudales de agua sino, por el contrario, necesitado de hacer acopio de ella. Se deduce igualmente del versículo siguiente *(Jesús les dijo: llenad las tinajas de agua. Y las llenaron hasta arriba)* que el agua debía de provenir de un pozo o cisterna *in situ* o inmediato a la casa, pues las hidrias de piedra no podrían trasladarse, ni una fuente podría estar en la casa, ni se podría ir lejos, pues transportar 500 litros es una tarea pesada y lenta. Tanto el pozo o cisterna como las seis hidrias parecen coincidir en que Caná se servía de agua almacenada por estos medios y no por fuentes o manantiales.

Esta observación no es vana, dado que uno de los principales argumentos para la localización de Caná en Kafr Kanna es la presencia de una fuente, a tenor de la descripción del pseudo-Antonino y otros peregrinos bajomedievales, que Quaresmio creyó reconocer en la fuente de Kafr Kanna. Pero el Evangelio no habla de fuente alguna ni se puede deducir del mismo, y el testimonio del piacentino está en aparente contradicción con los peregrinos posteriores, que hablan de pozo y cisterna. Por otro lado, la fuente de Kafr Kanna, de cuya agua, según se decía, se llenaron las hidrias,[13] está a unos 500 mts. de la iglesia actual, una distancia excesiva para la labor de llenar no una, sino las seis hidrias con 500 litros de agua, de modo que no resulta verosímil tal suposición, ni por la lejanía, ni por los indicios del Evangelio. Con razón Morone da Maleo, en el siglo XVII, visitando Kafr Kanna con el convencimiento de estar en el lugar evangélico, dice ser contra el sentido común que el lugar del milagro pudiera ser próximo a aquella fuente, pues en una villa donde no abundan los pozos o cisternas y hay una sola fuente que surte a todo el pueblo, ésta ha de ser pública y, por tanto, no es lugar donde pudiera celebrarse un banquete.

Kh. Qana, por su parte, está privada de cursos superficiales de agua. No hay arroyos ni manantiales, pero sí abundantes aguas

---

[13] No hay en la actualidad ninguna veneración de la fuente de Kafr Kanna, pero ha sido una constante clásica en tiempos pasados. Vid. p.ej.: G. ROBINSON, *Voyage en Palestine et en Syrie*. Paris 1838, I, 264-266.

subterráneas, según hace suponer la vegetación lacustre del lugar, y lo confirman los abundantísimos pozos y cisternas, más de cuarenta, algunos de los cuales todavía están en uso hoy día, a pesar de haber desaparecido la población estable hace siglos[14]. Es decir, que se puede afirmar que cada casa tenía su propio pozo o cisterna.

El segundo milagro de Jesús lo obró estando de nuevo en Caná. Dice Juan (4,46-54) que Jesús, tras su estancia entre los samaritanos, volvió a Galilea:

"Volvió, pues, a Caná de Galilea, donde había convertido el agua en vino. Había un funcionario real, cuyo hijo estaba enfermo en Cafarnaúm. Cuando se enteró de que Jesús había venido de Judea a Galilea, fue donde él y le rogaba que bajase a curar a su hijo, porque se iba a morir. Entonces Jesús le dijo: "Si no veis señales y prodigios, no creéis." Le dice el funcionario: "Señor, baja antes de que muera mi hijo." Jesús le dice: "Vete, que tu hijo vive." Creyó el hombre en la palabra que Jesús le había dicho y se puso en camino. Cuando bajaba, le salieron al encuentro sus siervos, y le dijeron que su hijo vivía. El les preguntó entonces la hora en que se había sentido mejor. Ellos dijeron: "Ayer a la hora séptima le dejó la fiebre." El padre comprobó que era la misma hora en que le había dicho Jesús: "Tu hijo vive", y creyó él y toda su familia.

Esta nueva señal, la segunda, la realizó Jesús cuando volvió de Judea a Galilea."

El topónimo de referencia "de Galilea", que Juan utiliza las cuatro veces que nombra Caná, viene puesto, sin duda, para distinguir esta Caná de la de Fenicia. Pero la evangélica no está en Fenicia, sino en Galilea, como insistentemente dice Juan en esta misma perícopa: "Cuando se enteró de que Jesús había venido (...) a Galilea, fue donde él" (4,47) y también: "Esta nueva señal (...) la realizó Jesús cuando volvió (...) a Galilea" (4,54).

Lo mismo la perícopa de las bodas que esta segunda relacionan Caná con Cafarnaúm, de tal modo que parece debía de estar relativamente cerca, lo cual puede decirse tanto de Kh. Qana como de Kafr Kanna, pues los dos lugares están a la misma distancia de Cafarnaúm, aunque por caminos diversos, pues, como sería lógico,

---

[14] Nosotros lo hemos comprobado personalmente. Ya lo habían notado Guérin y Bagatti en sus descripciones del mismo lugar. Vid.: GUÉRIN, *Galilée*, I, 474-476. – J.F. STRANGE, "Survey of Lower Galilee, 1982 (notes and news)", en *IEJ* 32 (1982) 254s. - GAL, *Lower Galilee*, 27.

para ir directamente a Kh. Qana se tomaría el camino de Magdala-Eilabun o Ammudim y para ir a Kafr Kanna el de Tiberíades a Nazaret, en ambos casos unos 30 km.

Nótese que, curiosamente, si el funcionario hubiera partido de Cafarnaúm con la salida del sol, a la hora prima, lo cual es bien lógico, habría llegado a Caná (tanto si fuera Kh. Qana como Kafr Kanna, ya que hay la misma distancia) probablemente a la hora séptima, que es precisamente la del encuentro con Jesús, pues ese es el tiempo que se necesita para recorrer las siete leguas que las separa, si se va andando o en el lento semoviente de un asno, como parece desprenderse del hecho de invertir dos días para el recorrido *("ayer a la hora séptima")*. No se nos oculta que esto no es una prueba apodíctica, sino más bien una curiosidad hipotética, y que el único dato cierto del Evangelio es que el funcionario invirtió dos días para su recorrido de ida y vuelta, lo que encaja bien con las distancias de ambos lugares y excluye, una vez más, la hipótesis de Qana de Fenicia, situada a más de cien kilómetros por el camino más lógico y normal, que sería el de Acre-Tiro.

Segunda Parte

LAS FUENTES LITERARIAS

I. Las primeras noticias. El período bizantino

4. Flavio Josefo (66 d.C.)

Después del Evangelio de Juan, aunque en el mismo período cronológico, la primera fuente histórica que nombra Caná es la autobiografía del historiador judío Flavio Josefo (37-c. 100).

En el tiempo de la primera guerra judía contra los romanos Josefo era un alto oficial. Fue hecho prisionero por Vespasiano en el año 67, en Jotapata, donde se había ocultado en una gran cisterna, pasándose después al enemigo.

Haciendo memoria de estos sucesos, dice Josefo: *"yo estaba residiendo en un pueblo de Galilea llamado Caná"*[15]. También dice en otro pasaje: *"Se congregaron, pues, todos en la llanura llamada Asoquis [o Asochis], donde yo residía"*[16], que corresponde a la llanura del Battof. Este último pasaje admite dos lecturas: que Josefo vivía en la llanura de Asochis, o bien que vivía en el propio Asochis, identificado con *Tell el-Bedeiwiye* (MR 174243)[17]. En el primer caso podría tratarse de una confirmación del pasaje anterior, pues Kh. Qana está en la llanura del Battof, o de Asochis.

No hace falta mucha perspicacia para comprender que el Caná donde vivió Josefo durante las revueltas judías debía de tratarse de Kh. Qana, situada a 3 km. de Jotapata y 6 de Asochis. Precisamente entre los abundantes restos arqueológicos de Kh. Qana hay una gran construcción, probablemente de carácter militar, en la cumbre de la colina, a resguardo de la vista desde la llanura, que es un magnífico

---

[15] FLAVIO JOSEFO, *Vida*, XVI, 86.
[16] FLAVIO JOSEFO, *Vida*, XLI, 207.
[17] A. SAARISALO, "Topographical Researches in Galilee", en *JPOS* 9 (1929) 34-37.

lugar de observación de todo el valle. Desde esta misma construcción parte un camino, todavía hoy en uso, que comunica directamente con Jotapata/Yodefat, donde Josefo fue hecho prisionero y pronunció su famosa "profecía" a Vespasiano que le salvó la vida.

Josefo habla en otras dos ocasiones de un cierto Cana o Canatha, situándolo en Celesiria, en una ocasión[18], y llamándolo expresamente así en otra, Caná de Celesiria[19], evidentemente para distinguirlo de Caná de Galilea. Con toda probabilidad se refiere, en este caso, a Qana de Fenicia, en las proximidades de Tiro, una de las tres localidades que se disputan la localización de la evangélica Caná de Galilea.

Este breve pasaje de Josefo, escrito probablemente antes que el Evangelio de Juan, aunque refiere un hecho posterior, sirve para confirmar que el lugar que hoy se llama Kh. Qana se llamaba ciertamente Caná en el tiempo del Nuevo Testamento, y puesto que no había dos localidades con el nombre de Caná en Galilea, porque en ese caso carece de sentido la precisión toponímica de Juan, *"de Galilea"*, se deduce que el Caná de la llanura de Asochis o del Battof, donde vivió Josefo, y el Caná del Evangelio son el mismo lugar. Es, por tanto, la primera identificación cierta de Caná de Galilea en Kh. Qana.

5. Eusebio de Cesarea (a. 303)

El testimonio cristiano más antiguo que localiza el Caná evangélico es de un extraordinario valor, ya que procede de Eusebio, eminente historiador y geógrafo, obispo de Cesarea Marítima. Por tanto, su información no procede tan sólo de autores anteriores sino también de su propio conocimiento del terreno, lo que convierte su testimonio, repito, en una fuente de valor extraordinario, al ser escrita a finales del siglo III o principios del IV, y en todo caso antes del 303, según se desprende no tanto de la datación de la muerte del obispo Paulino de Tiro, a quien dedica el *Onomasticon*, cuanto de los topónimos que hace pertenecer al territorio de la provincia de Arabia, y no a la Palestina Tertia, haciendo así retrotraer al límite de aquélla fecha la composición de la obra[20].

---

[18] FLAVIO JOSEFO, *GJ*, I,4,7 (102).
[19] FLAVIO JOSEFO, *GJ*, I,19,2 (366).
[20] D.T. BARNES, "The Composition of Eusebius Onomasticon", en *JThSt* 26 (1975) 412-415.

El texto del *Onomasticon* relativo a Caná está envuelto desde hace siglos en una oscuridad, no por razón del propio texto, que es lúcido y claro, cuanto por la errónea interpretación que de él hicieron algunos comentaristas, a la que se añade, en nuestros días, una defectuosa puntuación ortográfica de la conocida edición de Klostermann, que aparece publicado como sigue:

Κανά (Jos 19,28):

ἕως Σιδῶνος τῆς μεγάλης κλήρου Ἀσήρ. ἐν ταύτῃ ὁ κύριος ἡμῶν καὶ Θεος Ἰησοῦς Χριστὸς τὸ ὕδωρ εἰς οἴνου φύσιν μετέβαλεν ἐντεῦθεν δὲ ἦν Ναθαναὴλ καὶ ἔστιν ἐν τῇ Γαλιλαίᾳ τῶν ἐθνῶν [21].

Cuando Jerónimo tradujo el *Onomasticon*, con sus *addenda et corrigenda*, en su *Liber de Situ et Nominibus Locorum Hebraicorum*[22], sin corregir en nada el texto de Eusebio le añade una glosa explicativa, quedando como sigue:

"Cana usque ad Sidonem maiorem, *est quippe et altera minor, ad cuius distinctionem maior haec dicitur*, fuit autem Cana in tribu Aser, ubi dominus noster atque salvator aquas vertit in vinum, unde et Nathanael verus Israelita salvatoris testimonio comprobatur, et est hodie oppidum in Galilaea gentium"[23].

La lectura errónea que hasta hoy se ha hecho del texto de Eusebio y la *addenda* de San Jerónimo es que ambos sitúan el milagro de las bodas y la patria de Natanael en Qana de Fenicia, "en las proximidades de Sidón", como aún se puede leer en ocasiones engrosando todavía más el error. *Je m'etonne qu'Eusèbe et après lui saint Jèrôme aient pu commettre une pareille méprise"*, dice Guérin a propósito de este texto de Eusebio en su descripción de Kafr Kanna[24]. Lo cito aquí como resumen expresivo de la opinión común sobre este asunto,[25] pues, ciertamente ¿cómo no sorprenderse de que el propio

---

[21] E. KLOSTERMANN (ed.), *Eusebius Werke III, 1. Das Onomastikon der Biblischen Ortsnamen*. Leipzig, 1904, 116-117.

[22] SAN JERÓNIMO, *Liber de Situ et Nominibus Locorum Hebraicorum* (*PL* 23, cc. 932-933).

[23] También en D. BALDI, *Enchiridion Locorum Sanctorum*. Jerusalem 1982, 2ª ed, 206. - *Onomasticon*, 117.

[24] GUÉRIN, *Galilée*, I, 176.

[25] La opinión es unánime. Véanse, p.ej.: J.F. STRANGE, "Cana of Galilee", en *The Anchor Bible Dictionary*. New York 1992, I, 827. - MEISTERMANN, *Guide de Terre Sainte*. Paris 1935, 565. - KOPP, *Die Heiligen*, 190.

Eusebio pueda tener semejante error? La sorpresa aumenta si se entiende que San Jerónimo, al traducir el texto, no sólo no lo corrige sino que lo confirma y aún lo agranda, en aparente contradicción con el Evangelio y hasta consigo mismo, pues dice en su carta CVIII que Sta. Paula recorrió Nazaret, Caná y Cafarnaúm, y la propia Sta. Paula dice más claramente que Caná está cerca de Nazaret. El Evangelio dice expresamente que Caná estaba en Galilea y relativamente cerca de Cafarnaúm, datos que no permiten aceptar la hipótesis de Qana de Fenicia ni, por tanto, se deben hacer partícipes de esta interpretación a Eusebio y San Jerónimo.

Para entender correctamente el sentido del texto conviene no olvidar que Eusebio está haciendo la descripción geográfica de Caná en la letra K, libro de Josué (19,28), que él identifica con el Caná del Evangelio. Aunque modernamente, y ya desde antiguo, se estima que el Kana de la tribu de Aser al que se refiere Josué 19 corresponde a Qana de Fenicia, eso no impide que Eusebio y Jerónimo pudieran tener una opinión distinta y lo identificaran con el evangélico Caná de Galilea, ya que ambos están en la tribu de Aser. Entiéndase bien: no que Eusebio y Jerónimo sitúen el lugar del milagro en Qana de Fenicia, sino que el Kana del que se habla en el libro de Josué no es Qana de Fenicia, sino Caná de Galilea, pues está claro que Eusebio está describiendo y localizando el Caná evangélico, donde tuvo lugar el milagro de las bodas, sin decir nunca que se sitúe en Fenicia, sino en la tribu de Aser.

Por otra parte, esta interpretación que identifica el Kana de Josué con Caná de Galilea no es totalmente absurda, pues cabría interpretar el texto bíblico *"y Caná, hasta Sidón la Grande"* como los límites meridional y septentrional, respectivamente, de la tribu de Aser, ya que, efectivamente, el territorio de esta tribu se extendía, por el sur, desde Caná de Galilea, en el valle de Yiftah-El o del Battof hasta llegar, por el norte, al límite del territorio fenicio de Sidón, es decir, hasta Sidón la Grande.

Las razones que explican la confusión en torno a este texto son dos: la interpretación de Adrichomius y la alteración sintáctica propuesta por Bonfrerius. Acorde con esta interpretación, ya clásica desde el siglo XVII (aunque no unánimemente aceptada), Klostermann publicó este pasaje del *Onomasticon* con la defectuosa puntuación ortográfica que hemos reproducido más arriba.

El origen de la equivocada interpretación del texto está en el vocablo *maiorem*, adjetivo de Sidón y no de Caná, de tal modo que la

aclaración de San Jerónimo no viene puesta para distinguir las dos
Caná, sino las dos Sidón.

Sorprende que no se haya reparado suficientemente en que el
"ἕως Σιδῶνος τῆς μεγάλης- usque ad Sidonem maiorem" no es
ninguna explicación geográfica para ubicar Caná, sino que forma parte
integrante del mismo texto bíblico que quiere comentar Eusebio, pues
así aparece en Jos 19,28: *Cana usque ad Sidonem maiorem* de la
Vulgata, o *Caná hasta Sidón la Grande* de cualquier traducción
española, de tal modo que la correcta puntuación ortográfica del texto
debe establecerse de esta forma:

Κανά ἕως Σιδῶνος τῆς μεγάλης (Jos 19,28):
κλήρου Ἀσήρ. ἐν ταύτη ὁ κύριος ἡμῶν καὶ Θεὸς Ἰησοῦς
Χριστὸς τὸ ὕδωρ εἰς οἴνου φύσιν μετέβαλεν ἐντεῦθεν δὲ
ἐν Ναθαναήλ καὶ ἔστιν ἐν τῇ Γαλιλαίᾳ τῶν ἐθνῶν

Y el texto latino de Jerónimo tal y como aparece en la edición
de Klostermann o en la de Martianeus de la Patrología Latina de
Migne.

De esta forma tenemos que el texto bíblico que pretende
comentar Eusebio, *"Cana usque ad Sidonem maiorem"*, contiene en sí
realmente dos conceptos geográficos: *Caná* y *Sidonem maiorem*. Bien
porque para Eusebio todo el interés está en la ciudad evangélica, o
bien porque le pareció mejor no comentar *Sidón la Grande* en la letra
K, o porque más probablemente ignoraba el sentido del calificativo *la
Grande*, ya que nada dice en la voz *Sidón*[26], se limita a explicar la
localización de Caná. De ahí que, ante esta omisión, San Jerónimo
hubiese añadido su glosa explicativa, referida evidentemente, como se
ve por la estructura sintáctica, al *Sidonem maiorem* y no a Caná, pues
de ningún modo se puede leer que "hay dos Caná, una mayor y otra
menor", forzando decir al texto lo que no dice: la distinción entre una
presunta Caná la Grande, que sería la de Fenicia, y otra Pequeña, que
sería la del Evangelio.

Adrichomius (Christiaan Kruick van Adrichum, 1533-1585),
notable palestinólogo de su tiempo, ignoraba que existiesen,
efectivamente, dos Sidón[27]: Sidón la Grande y la ciudad de Sidón, la
altera minor que dice Jerónimo. El mismo libro de Josué se refiere
también al territorio de Sidón la Grande en otro pasaje, al tratar de la

---

[26] Cf. *Onomasticon*, 148-149.
[27] Según se desprende de su completa omisión en su *Theatrum Terrae Sanctae*. Cf.
pp.7 y 8 de la *op.cit.* en la nota 36.

conquista del Norte, curiosamente uniéndola también a la preposición *hasta*:

> "Yahveh los entregó en manos de Israel, que los batió y persiguió hasta Sidón la Grande y hasta Misrefot, y por oriente, hasta el valle de Mispá" (Jos 11,8).

La Gran Sidón no era una ciudad, sino el extenso territorio de su soberanía situado al sur de la metrópoli, de ahí que a menudo Sidón fuera sinónimo de Fenicia[28]. La primera fuente escrita que distingue ambas procede de Senaquerib (701 a.C.), en su crónica del asedio de Jerusalén contenida en el famoso Prisma de Taylor:

> "The awe-inspiring splendor of the Weapon of Ashur, my lord, overwhelmed his strong cities (such as) Great Sidon, Little Sidon [*Si-du-un-nu Rabû, Si-du-un-nu Sihru*], Bit-Zitti, Zaribtu, Mahalliba, Ushu (i.e. the mainland settlement of Tyre), Akzib (and) Akko..."[29].

Esta misma distinción entre las dos Sidón, con otra terminología, aparece también en la inscripción fenicia del rey Bodashtart (384-370 a.C.) del templo sidonio de Esmún:

> "Le roi Bodachtoret, roi des Sidoniens, petit-fils du roi Echmounazar, roi des Sidoniens à Sidon-de-la-mer *(Sidon-yam)* ... et à Sidon-de-la-plaine *(Sidon-sadé)* a construit ce temple à son dieu Echmoun Sar-Qadech"[30].

La Sidón marítima (*Sidon-yam*) se corresponde con Sidón la Pequeña (*Sidon Sihru*) de Senaquerib y la Sidón de la llanura (*Sidon-*

---

[28] R. DUSSAUD, *Topographie Historique de la Syrie Antique et Médiévale*. Paris 1927, 39-40. - ABEL, *Géographie*, II, 461. - Z. KALLAI, *Historical Geography of the Bible. The Tribal Territories of Israel*. Jerusalem 1986, 212-213 - J. SIMONS S.J., *The Geographical and Topographical Texts of the Old Testament*. Leiden 1959, 192.
Obras generales: D.J. WISEMANN, voz "Sidon", en *Illustrated Encyclopedia of Bible Places*. Leicester, 1995, 284; y en *The Illustrated Bible Dictionary*. Leicester 1980, III, 1450. - H.A. MERTENS, *Manual de la Biblia*. Barcelona 1989, 839. - ABBAYE DE MAREDSOUS, *Dictionnaire Encyclopedique de la Bible*. Maredsous 1987, 1205.
[29] D.D. LUCKENBILL, *The Annals of Sennacherib*. Chicago 1924, 29 (línea 41 de la col. II del Prisma). - D.D. LUCKENBILL, *Ancient Records of Assiria and Babylonia*. Chicago, 1927, II, 118. - *ANET*, 287. - J. PRITCHARD, *La sabiduría del Antiguo Oriente* (ed. española resumida de *ANET* y *ANEP*). Barcelona 1966, 235.
[30] CH. CLERMONT-GANNEAU, *Les inscriptions phéniciennes du temple d'Echmoun à Sidon*, en *Recueil d'Archéologie Orientale (RAO)*, Tomo V. Paris 1903, 225. - H. DONNER - W. RÖLLING, *Kanaanäische und Aramäische Inscriften*. Wiesbaden 1964. Tomo I, 3, insc. n° 15 (texto) y tomo II, 23-24 (comentario). - R. DUSSAUD, "Les travaux et les découvertes archéologiques de Charles Clermont-Ganneau (1846-1923)", en *SYRIA* 24 (1923) 149.

sadé) con Sidón la Grande (*Sidón-rabû* de Senaquerib o *Sidon-rabbah* de Josué)[31].

Esta nomenclatura se conservará todavía en el mapa florentino de finales del siglo XIII, con la expresión *Sydon magna, et est deserta*, distinta de la *Sarepta Sidonis*, al sur de la *Sydon civitas*[32]. El propio Marino Sanudo, aunque no establece esta distinción en su famoso mapa de Tierra Santa, sí la hace, en cambio, en el comentario explicativo del mismo:

"In XXVII spatio, quadro III. Sydon magna: fuit autem in campo per longum dispposita, tendens ab Austro in Aquilonem, sub monte Antelibano: de ruinis autem eius alia parva, sed munida aedificata est, & etiam ex parte una in corde maris sita..."[33].

Desconocedor de esta realidad pero sabiendo, claro está, que hay dos localidades con el nombre de Caná, Adrichomius interpretó sin más la *addenda* de San Jerónimo como referida a Caná, y así se explica que escribiera en su *Theatrum Terrae Sanctae*, en el n° 31 de la tribu de Aser:

"CANA sive Chana maior, civitas est in tribu Aser. est quippe, inquit Hieronymus, & altera Cana, quae minor appellatur, ubi Christus aquam mutavit in vinum, ad cuius distinctionem maior dicitur: Hinc erat mulier illa Cananaea...".

Y en el n° 23 de la tribu de Zabulón:

"CANA, alias Chana Galilaeae, civitas est quae ob id in Evangelica historia Cana Galilaeae, ac teste Hieronymo, Cana minor vocitatur, ad distinctionem Canae majoris, quae est in tribu Aser. Sita est à Ptolemaide versus Eurum, quarto miliario, ab urbe Sephori versus Corum, tertio; & à villa Rama versus septentrionem, secundo. Ab Aquilone autem montem habet altum & rotundum, in cujus declivo á latere aedificata est. Porro contra Austrum, amplium fertilem, & amoenum campum habet, qui vallis Carmelon appellatur. (...) Quo loco postea Helena Imperatrix sacram aedificavit[34] (...) Triclinium autem, in quo

---

[31] CLERMONT-GANNEAU, *RAO*, V, 234.
[32] R. RÖHRICHT, "Karten und Pläne sur Pälastinakunde aus dem 7. bis 16. Jahrhundert." *Tafel* I, en *ZDPV* 14 (1891) 8-11.
[33] MARINUS SANUTUS, *Liber Secretorum Fidelium Crucis Super Terrae Sanctae*. Lib. III, pars XIV. Hanoviae 1611, 249 (edición anastática: Jerusalem 1972).
[34] Esta atribución a Sta. Elena la toma de NICÉFORO CALISTO, *Historia Eclesiástica*, 8,30.

nuptiae celebratae, & locus ubi sex hydriae steterunt, in nostros vsque tempora ostendi scribitur. Salig.[35] Verò ea se vidisse ait"[36].

Para hacer pertenecer Caná a la tribu de Zabulón, a pesar de estar describiéndola y localizándola en el Sahel el-Battof, es decir, en Khirbet Qana y no en Kafr Kanna, tanto en el mapa particular como en el general que acompaña su monumental obra, titulado *"Situs Terrae Promissionis Ss. Bibliorum Intelligentiam Exactae Aperiens"*, resolvió simplemente colocarla en el lado opuesto del valle y de la línea de separación de ambas tribus, y así traspasó a más de un palestinólogo posterior la errónea noción de que "Caná la Mayor está en Aser y Caná la Menor, la evangélica, en Zabulón", como repetirá el propio Quaresmio en 1639.

Desconocedor también Bonfrerius (Jacques Bonfrère, 1573-1643) de la existencia de Sidón la Grande y la Pequeña, y con el antecedente que acabamos de mencionar, fue más allá que Adrichomius y, al publicar en 1631 el *Onomasticon* de Eusebio (en completo orden alfabético), con su propia traducción latina y la versión de S. Jerónimo, en sus comentarios glosa así la voz CANA:

> "Multa hic obscura sunt, quae de Cana dicuntur, & involuta, quod multa videantur tribui *Canae majori*, quae tribuenda sunt *minori* (...) Credo autem totam hanc intricationem & obscuritatem nasci, quod aliqua hic loco suo sint mota".

Así pues, resolvió que el texto de San Jerónimo quedaba luminosamente aclarado si se trastocaba el orden de los términos, estableciendo que la lectura correcta, para que fuera inteligible, debía ser ésta:

> "Cana usque ad Sidonem majorem. Fuit autem Cana in tribu Aser. Est quoque et altera minor, ad cujus distinctionem, major haec dicitur, ubi Dominus noster atque Salvator, &c". *Y añade, siguiendo a Adrichomius:* "Itaque *Cana major* in tribu Aser fuit, *Cana minor* in tribu Zabulon & Galilea inferiore. Prima illa verba, *usque ad Sidonem majorem*, sumpta sunt e Jos.

---

[35] Se refiere a BARTHOLOMAEO DE SALIGNIACO [BARTHÉLEMY DE SALYGNAC], *Itinerarium Sacrae Scripturae, hoc est Sancta terrae, regio numque finitimarum Descriptio..."*, Magdeburgi 1593, folio F2, recto.
[36] ADRICHOMIUS (CHRISTIAAN KRUICK VAN ADRICHUM), *Theatrum Terrae Sanctae et Biblicarum Historiarum cum Tabulis Geographicis*. Antuerpiae 1590 (1ª ed.). Citado por la edición de 1682, pp. 3 y 138, respectivamente.

19.v.28. quae hic ad rem non multum faciunt, satiusque fuisset ad perspicuitatem abesse"[37].

Con ello no hizo sino consagrar el error de Adrichomius hasta hacerlo una opinión común, como refleja el propio Quaresmio en su *Elucidatio Terrae Sanctae*:

"Duplicis Canae invenio mentionem fieri in sacris litteris et ecclesiasticis scriptoribus; alterius quae major, et alterius quae minor Cana appellatur: illius Josue 19,28, istius Joan. 2,1; illa in superiori Galilaea, et tribu Aser, ista in Galilaea inferiori et tribu Zabulon describitur: contra se oppositae et ab invicem dissitae spatio 50 circiter milliarium, ut patet in "Descriptione Terrae Sanctae". De illa agit Adrichomius, in Aser num. 31; de ista in tribu Zabulon num. 23; et nos de hac eadem in praesentia agemus"[38].

Tan sólo en 1714 Reland, famoso filólogo y palestinólogo, advirtió de esta traducción errónea tan extendida, pero lamentablemente con nulo éxito debido, probablemente, a que tampoco él alcanzó a dar una explicación a la duplicidad de Sidón:

"Hieronimus in Onomast. ad vocem Cana non dicit (quod nonullis visum est inter quos nuper etiam fuit Cellarius) esse duas Canas majorem & minorem, sed duplicem Sidonem. Haec dicit expressa ad verbum, Cana usque ad Sidonem maiorem... etc."[39].

Igualmente Joannes Clericus, comentarista de Bonfrerius en la edición citada de Ugolino (1746), dirá en la misma voz CANA:

"της μηγαλης [sic]. Non intelligo cur Hieronymus eumque sequutus Bonfrerius verterint μεγαλης, majorem, quae vox statuit aliam esse Sidonem minorem. Sidon in Scriptura dicitur "magna rabbath", quia erat Phoeniciarum urbium maxima. Suspicarer legendum, apud Hieronymus: CANA,

---

[37] JACOBUS BONFRERIUS, *Onomasticon Urbium et Locorum Sacrae Scripturae seu Liber de Locis Hebraicis*, citado por la edición de BLASIO UGOLINO, *Thesaurus Antiquitatum Sacrarum*. Volumen Quintum, Venetiis 1746, col. 111 y nota 2. Véase también: SAN JERONIMO, *Liber de Situ et Nominibus Locorum Hebraicorum*, PL 23, cc. 932-933, nota 4.

[38] FRANCISCO QUARESMIO, *Historica Theologica et Moralis Terrae Sanctae Elucidatio*. Antuerpiae 1639, II, 852; edición de Cypriano de Tarvisio, Venetiis 1881, II, 641; edición bilingüe de Sabino de Sandoli, Jerusalem 1989, 400-401 (selección de textos).

[39] HADRIANI RELANDI, *Palaestina ex Monumentis Veteribus Illustrata*. Trajecti Batavorum [Utrech] 1714, II, 680.

usque ad Sidonem magna. Major, nempe, est; est & altera minor &c. Supererit tamen error Eusebii & Hieronymi, affirmantium Christum mutasse aquam in vinum in majore Cana, cum hoc contigerit in minore"[40].

Así pues, está claro que ni el texto de Eusebio, ni el de S. Jerónimo, habla de dos Caná ni establece relación alguna de proximidad entre Caná y Sidón, ni menos aún se puede traducir como *"Caná: cerca de Sidón la Grande"*, porque ni el *usque* significa *cerca*, ni en el texto bíblico Sidón la Grande se sitúa cerca de Caná, ni Qana de Fenicia está cerca de Sidón, sino de Tiro, de tal modo que, para la mejor comprensión del texto, basta con separar y distinguir cada localidad con su propia explicación: Caná con la explicación de Eusebio y Sidón la Grande con la de Jerónimo.

Es decir, que San Jerónimo sí conocía la existencia histórica de las dos Sidón y se limita a aclarar que se llama *la Grande* para distinguirla de la otra, que es *la Pequeña*.

En la tribu de Aser y en Galilea de los gentiles dice, pues, Eusebio que se localiza la patria de Natanael, donde Jesús obró sus dos primeros milagros. De aquí se desprende que no puede identificarse con la actual Kafr Kanna, ya que ésta estaría en la tribu de Zabulón. En efecto, el propio Eusebio dice en el mismo *Onomasticon* que Gat-Hepher, la patria del profeta Jonás, está *in tribu Zabulon*[41]. Por tanto, si Gat-Hepher, identificado con el actual Mash'ad/El Meschad, a 1,5 km. de Kafr Kanna, pertenecía a la tribu de Zabulón, no podían ignorar Eusebio ni Jerónimo que igualmente Kafr Kanna debía de pertenecer a la misma tribu. En última instancia la duda podría provenir de su posible pertenencia a la tribu de Neftalí, que se extendía a oriente de Zabulón, en torno al lago, pero nunca a la tribu de Aser, que estaba en el límite opuesto de Zabulón, pues recuérdese que también Eusebio sitúa el límite del valle de Iefthael formando parte de la tribu de Zabulón[42]. Por tanto, al situar Caná en la tribu de Aser está excluyendo la posibilidad de identificarla con la actual Kafr Kanna.

---

[40] BONFRERIUS, col. 112, nota 6.
[41] *Onomasticon*, 70-73.
[42] *Onomasticon*, 110s.

A la tribu de Aser pertenecían, en cambio, las otras dos localidades que conservan aún el nombre bíblico y evangélico: Qana de Fenicia o del Líbano y Qana del Battof o de Galilea.

De Qana de Fenicia no es preciso volver a insistir en que no reúne las condiciones geográficas que se derivan de los textos evangélicos para disputarse el lugar de la milagrosa conversión del agua en vino y, por lo tanto, tampoco Eusebio ni Jerónimo pueden estar hablando de ella, ni lo hacen, ciertamente, pues dice Eusebio que está en Galilea de los gentiles, y es así que Qana de Fenicia no está ni ha estado nunca en Galilea, sino en el territorio de Tiro, en Fenicia, formando parte de aquélla porción hipotética de la tribu de Aser que nunca llegó a formar parte del territorio israelita. No se debe olvidar que precisamente por eso añade Juan el topónimo de referencia "*de Galilea*" a Caná, para distinguirla de la otra que, obviamente, no puede estar también en Galilea.

Eusebio, y lo repite Jerónimo, parece ser de la opinión de que la Galilea de los gentiles (aunque la expresión, en su origen, es más literaria y mística que política y administrativa) se aplicaba propiamente a las tierras de los confines, al N. y N-O, mientras que la otra "verdadera Galilea" era la de Tiberíades y el Lago Genesareth.[43]

En realidad, la expresión "*ha-goyim*" de Isaías 8,23, que después retomaría Mateo (4,15) para darle otro sentido, era aplicada a toda la Galilea, no a una parte de ella, a pesar de que el profeta la refiere particularmente, que no exclusivamente, a las tierras de Zabulón y Neftalí. Dado que la expresión no refleja otra cosa que la abundante presencia de gentiles y su influencia en las costumbres, es lógico que, con más propiedad, se aplicara a las tierras de los confines norteños y con Tiro y Sidón, la costa fenicia de febril actividad mercantil y, por lo mismo, migratoria y en constante comunicación con la Galilea. Pero, en cualquier caso, nunca se podría aplicar a los territorios fenicios el nombre de Galilea, ni siquiera de los gentiles, de tal modo que Eusebio, con esta expresión, excluye también la identificación del Caná evangélico con Qana de Celesiria o Fenicia, puesto que no está en Galilea.

De este modo se llega finalmente a la identificación de Khirbet Qana, pero no por vía de exclusión de las otras dos hipótesis, sino positivamente, pues Kh. Qana es la única localidad llamada Qana que está en la tribu de Aser y en Galilea, y ciertamente también en Galilea

---

[43] SAN JERÓNIMO, *Liber de Situ* (*PL* 23, c. 949); Cf. *Onomasticon*, 72-73.

de los gentiles, si por esta expresión se quisieran señalar los territorios que están más próximos a los vecinos países de Fenicia y Siria.

Concluyendo: este testimonio, triplemente valioso por ser la fuente cristiana más antigua y próxima al Evangelio que conocemos, procedente de Eusebio y refrendada por San Jerónimo, localiza Caná en la actual Khirbet Qana y excluye positivamente la posibilidad de Kafr Kanna. Es, por tanto, la segunda localización cierta de que disponemos, y la primera de entre las fuentes cristianas.

6. Sta. Paula (386)

En el Epistolario de San Jerónimo figura una carta que en realidad es de sus discípulas Paula y Eustoquio, dirigida a Marcela invitándola a que se les una en su retiro de Tierra Santa. En esta carta, con fecha probable de 386, hay una pequeña referencia a Caná:

"Ibimus ad Nazareth et iuxta interpretationem nominis eius "florem" videbimus Galilaeae. Haud procul inde cernetur Cana, in qua aquae in vinum versae sunt. Pergemus ad Itabyrium et a tabernacula salvatoris..."[44].

El párrafo no es lo suficientemente claro como para disipar las dudas de la localización de Caná, pero tiene una expresión que parece señalar a Kh. Qana: "*inde cernetur*", desde allí se reconoce, se distingue, se ve claramente Caná, cosa que sucede efectivamente en el alto de Nazaret, desde donde puede contemplarse la magnífica panorámica que va desde el monte Carmelo, ya en Haifa, hasta el nevado Monte Hermón y los altos del Golán, y en medio de esa espléndida visión la colina de Kh. Qana tras la llanura del Battof. Kafr Kanna, por el contrario, no se puede ver desde Nazaret ni desde ningún punto del recorrido hasta llegar a la collada del Meschad, es decir, un kilómetro antes.

El hecho de que después de Caná inviten a Marcela a ir al Monte Tabor no significa en modo alguno que esté en la misma dirección y, por tanto, hayan visitado Kafr Kanna, como se ha escrito, pues otro tanto sucede con Genesaret, Naím y Cafarnaúm, que están situadas en direcciones opuestas respecto del Tabor, y de ellas dice sin embargo:

---

[44] SAN JERONIMO, *Epístola 46* (*PL* 22, 491; *CSEL* 54, 344), ed. bilingüe de J.B. VALERO, *San Jerónimo. Epistolario*. Madrid 1993, 390-391. - BALDI, *Enchiridion*, n° 240, p. 206.

"Pergemus ad Itabyrium (...) inde ad mare venimus Genesareth, et de quinque et septem panibus videbimus (...). Apparebit oppidum Naim. Videbitur Hermonin (...) Capharnaum quoque signorum Domini familiaris..."[45].

7. San Jerónimo (396)

Además de la traducción del *Onomasticon* de Eusebio, San Jerónimo proporciona otros dos testimonios relativos a Caná: su carta CVIII, donde da cuenta de la peregrinación que había hecho Sta. Paula recorriendo, en particular, Nazaret, Caná y Cafarnaúm, que no aporta nada nuevo fuera de la confirmación de la proximidad de Caná a aquéllos dos lugares, y su Comentario al Profeta Jonás.

El Prólogo al Comentario *In Jonam* no es, en sí mismo, una información positiva, sino una omisión, pero de tal relieve que no puede ser ignorada. En el año 396[46] escribe Jerónimo en tal Prólogo:

"Amathi enim in nostra lingua veritatem sonat (...) filius esse dicitur veritatis. Porro Geth in secundo Sapphorim milliario, quae hodie appellatur Diocaesarea, euntibus Tiberiadem haud grandis est viculus, ubi et sepulcrum eius ostenditur. Quamquam alii iuxta Diospolim, id est Lyddam..."[47].

Este *"Gat-Hepher, in tribu Zabulon"* o *"Gettha-Chopher, unde Jonas Propheta fuit"* que dice Eusebio[48], se localiza en la actual aldea de Meschad, situada a tan solo 1 km. de Kafr Kanna por el viejo camino, o a 1,5 por la actual carretera. Verdaderamente resulta sorprendente que San Jerónimo no sólo sitúe Gat-Hepher respecto del punto más lejano, que es Séforis, y no del más cercano, que es Kafr Kanna, sino que omita toda referencia al Caná del Evangelio, si es que éste se localizara en Kafr Kanna. No justifica suficientemente esta omisión el hecho de que Diocesarea fuese la capital política de Galilea, y pudiera scrvir así como mejor punto de referencia, porque no debe olvidarse que Jerónimo está describiendo el lugar en un

---

[45] Idem nota anterior y también: T. TOBLER & A. MOLINIER, *Itinera Hierosolymitana et Descriptiones Terrae Sanctae*. Genevae 1879, 38, 46, 47.

[46] Y.M. DUVAL, *Jérôme. Commentaire sur Jonas*. SCh n° 323. Paris 1985, 12 (fecha) y 164-165 (texto).

[47] SAN JERÓNIMO, *Commentariorum in Jonam prophetam* (*PL* 25, cc. 1118-1119). También en P. ANTIN, *Saint Jérôme. Sur Jonas*. SCh n° 43. Paris 1956, 53; *CCSL* 76, 378.

[48] *Onomasticon*, 70-73. - SAN JERÓNIMO, *Liber de Situ* (*PL* 23, c. 949).

comentario bíblico y a su amigo cristiano Cromatio, al que poco podría decirle el nombre de Diocesarea y mucho, evidentemente, el de Caná, amén de la riquísima fuente de inspiración exegética que le habría proporcionado a Jerónimo la relación entre el "signo de Jonás" y los dos primeros signos de Jesús, por poner sólo un ejemplo.

En el breve espacio de unas líneas menciona Jerónimo otras cuatro ciudades: *"Séforis (hoy Diocesarea), Tiberíades, Dióspolis (es decir, Lydda) y Eleutherópolis"*, de forma que en tal abundancia toponímica todavía se explica menos la omisión de Caná. Es tal la proximidad entre ambos lugares que parece imposible hablar de la patria de Jonás sin referirse a Caná-Kafr Kanna, y así se comprende que, entre otros, Nassiri Khosrau, en el siglo XI, se limite a decir que la tumba del profeta está *"en una colina al sur de Kafr Kanna"*[49].

Pero en nuestra opinión S. Jerónimo está describiendo la propia Kafr Kanna, no Meschad. Dado que el sepulcro de Jonás era venerado en Kafr Kanna entre los siglos XI y XVII, como se verá más adelante, no hay razón para suponer que, con anterioridad, estaba situado en Meschad o en otra localidad distinta. Por tanto la bíblica Gat-Hepher debe localizarse en Kafr Kanna.

En todo caso el dato cierto es la completa omisión de Caná en el Comentario al Profeta Jonás, que si bien no es una prueba positiva, tampoco puede ser ignorado sin más, pues manifiesta una duda muy seria sobre la hipótesis de la identificación de Caná en Kafr Kanna.

8. Teodosio (530)

Este itinerario, cuasi anónimo, pues sólo un manuscrito nos da el nombre de Teodosio Archidiácono, es sobremanera escueto en otra información que no sea el número de millas que hay entre las distintas poblaciones y etapas de la peregrinación. Tan solo nos ha dejado esta breve información relativa a Caná:

> "De Caesarea usque in Diocaesarea milia XXX; inde fuit Symon magus. De Diocaesarea usque in Canan Galileae milia V. De Diocaesarea usque in Nazareth milia V. De Nazareth in syce Taburi milia VII"[50].

---

[49] Vid. infra nota 73.

[50] P. GEYER, *Itinera Hierosolymitana saeculi IIII-VIII.* (*CSEL* 39). Vindobonae 1898, 139. - TOBLER-MOLINIER, *Itinera*, 71, 84. - BALDI, *Enchiridion*, n° 241, p. 206. - *Itineraria et Alia Geographica. CCSL*, vol. 175. Thurnolti 1965, 116. - J. GILDEMEISTER, *Theodosius de Situ Terrae Sanctae.* Bonn 1882, 18.

Con frecuencia ha sido utilizado este texto como una prueba demostrativa de Kafr Kanna, partiendo del hecho de que hay la misma distancia, desde Séforis, a Caná que a Nazaret, lo cual coincide ciertamente con la realidad de Kafr Kanna. Pero no es preciso volver a repetir lo dicho en la Introducción a propósito de las medidas y cálculos de los peregrinos. Mucho más elocuente, en cambio, nos parece el orden de la descripción: *Séforis – Caná – Séforis – Nazaret – Tabor.*

Este orden es el que debe hacerse necesariamente para visitar Kh. Qana y Nazaret, una vez que se ha arribado a Séforis. Evidentemente, sería posible aplicarlo también a Kafr Kanna, pero fuera de toda lógica, pues una vez allí lo natural es dirigirse directamente a Nazaret por Meschad y Reina/er-Reneh, y no regresar a Séforis para hacer inútilmente el doble recorrido.

Admitiendo, pues, la posibilidad de que Teodosio pueda describir Kafr Kanna, la mayor probabilidad está, en cambio, en Khirbet Qana, coincidiendo en esto con los testimonios anteriores.

9. Anónimo de Piacenza (560-594)

Unos cuarenta años separan a Teodosio de este famoso peregrino anónimo de Piacenza, durante un tiempo llamado erróneamente San Antonino. El testimonio tiene el valor de ser el primero en hacer una descripción del propio lugar donde se conmemoraba el milagro. El itinerario del piacentino está lleno de detalles y observaciones personales que hacen de él una verdadera memoria de su peregrinación.

"De Ptolemaida misimus maritima & venimus in fines Galilee, in civitatem Diocesaream, in qua adoravimus amulam & canistellum sancte Marie. In ipso loco erat & cathedra, in qua sedebat, quando ad eam angelus venit. Deinde miliario tertio venimus in Canam, ubi ad nuptias fuit Dominus, & accubuimus in ipso accubitu, ubi ego indignus parentum meorum nomina scripsi. Hydrie due ibi sunt, ex quibus unam implevi aqua & protuli ex ea vinum & in humerum plenam levavi & obtuli ad altare: & in ipso fonte pro benedictione lavimus"[51].

---

[51] C. MILANI, *Itinerarium Antonini Placentini.* Milano 1977, 94-95. - TOBLER – MOLINIER, *Itinera,* 93, 119, 135. - *CCSL* 175, 130. - J. GILDEMEISTER, *Antonini Placentini Itinerarium.* Bonn 1889, 3.

Resulta interesante este dato de escribir el nombre de sus padres, remontándose así al siglo VI un testimonio de quien declara dejar *graffiti* no ocasionales, sino hechos *ex professo* en las paredes de los lugares venerados, pues, dado que no lo oculta, sino que lo dice abiertamente, es de suponer que era una práctica habitual y aceptada, al menos en este lugar.

Por primera vez vemos mencionadas las hydrias, dos, una de las cuales la llevó el propio peregrino hasta el altar. Este hecho de portarla *in humero* o *in collo* indica realmente que no podía tratarse ni de una hydria de piedra ni de 90 litros de capacidad, pues hubiera sido imposible transportarla ni dejarla en el altar, más bien debían de tratarse de jarras conmemorativas y de un tamaño proporcionado a aquél uso litúrgico.

La mayoría de los códices, como el Bruxellensi y el Bernensis, del siglo IX, y el vaticano, del siglo XIII, traen la lectura: *"implevi aqua unam et protuli ex ea vinum"*, mientras que Geyer publica: *"implevi unam ex eas vino"*, parece que procedente del códice Rhenaugiensis, siglo IX ó X[52]. La primera expresión resulta en verdad tan sorprendente que podría explicar la variante introducida por el copista rhenaugiense, aunque tal vez pueda entenderse como una práctica litúrgica consistente en llenar una jarra o péntola de agua donde, al mismo tiempo, se introducía otro recipiente de vino, que sería el que se ofrecía para la Eucaristía, por tanto en una cantidad moderada. La naturalidad con que se narra este hecho, sin ningún tinte prodigioso, apoya esta interpretación.

La mención del altar, por su parte, nos remite también a un lugar de culto, pero no necesariamente a una iglesia en el sentido de basílica, sino al modo como S. Willibaldo (s. VIII) describe el altar portátil donde se celebraba la Misa en la cueva de Belén, "bajo la iglesia"[53]. Probablemente el pseudo-Antonino está describiendo el lugar considerado como aquel mismo donde se habían celebrado las bodas, la sala del Architriclinio que se dirá más tarde, pues dice que *"accubuimus in ipso accubitu"*.

La expresión, en cambio, *"in ipso fonte pro benedictione lavimus"* (variante 1ª: *lavavimus*) resulta algo más problemática. Siguiendo la lectura de los manuscritos más antiguos, los de Zurich (Rhenaugiensis), San Gall y Berna, del siglo IX, se entiende que los

---

[52] GEYER, *Itinera*, 161. - Baldi, *Enchiridion*, n° 242, p. 206.
[53] BALDI, *Enchiridion*, n°114, pp. 101-102.

peregrinos se lavaban para bendecirse con el agua de aquella fuente venerada, pero el manuscrito de Bruselas, también del siglo IX, y el Vaticano, ya del XIII, aportan la variante 2ª "*levavimus*". Sin embargo, la lectura "*sacamos (elevamos) el agua de la misma fuente*" se hace muy difícil, porque necesitaría un "*ex ipso fonte*", que no aparece en ningún manuscrito.

Ahora bien, ¿debe entenderse por *fonte* exclusivamente la afloración exterior de un manantial? Un pozo también es la afloración de un manantial, aunque buscado expresamente en el subsuelo. Tenemos multitud de ejemplos que ilustran el uso del término *fons* en sentidos diversos al de "fuente". La Liturgia utiliza constantemente la expresión "fuente bautismal" para referirse a una pila de agua y así la llama con toda naturalidad el autor anónimo de "*La sainte cité de Iherusalem*", en el siglo XIII, al describir la capilla de la Ssma. Trinidad bajo la torre del Sto. Sepulcro: "*et là estoient les fonz où l'en baptizoit tous les enfanz*"[54]. Por su parte, el Anónimo Burdigalense (333), Eucherio (440), el propio pseudo-Antonino y Pedro Diácono, p.ej., llaman fons a la piscina de Siloé[55].

Pero todavía más clarificador es San Jerónimo que, en su traducción de la Biblia, utiliza indistintamente los términos *fons* y *puteus* para referirse al pozo de Jacob, en el episodio de la samaritana (Jn 4,6.11.12.14), e igualmente utilizan el mismo término Arculfo (670): "*fons Jacob, qui et puteus dici solet*"[56]; S. Beda el Venerable, repitiendo a Arculfo[57]; Saewulfo (1102): "*ibi est fons Jacob... et supra eundem fontem sedens*"[58]; el autor del itinerario "De Situ Urbis" (1130): "*in quo fons Jacob puteus tamen*"[59]; Teodorico (1172): "*sedebat super fontem... hic puteus fons Jacob appellatur*"[60]; "De Locis Sanctis" (1180): "*fons Jacob in partibus Samariae... fons Siloe iuxta montem Syon*"[61]; Burchardo (1283): "*est fons Jacob in via... supra fontem istum... ad sinistram fontem... distans de fonte... huic*

---

[54] S. DE SANDOLI, *Itinera Hierosolymitana Crucesignatorum (sec. XII-XIV)*. IV Vols, Jerusalem 1978-1984. Vol. IV, 30. - H. MICHELANT-G. RAYNAUD, *Itinéraires à Jérusalem et Descriptions de la Terre Sainte rédigés en français aux XIe, XIIe et XIIIe siècles*. Genève 1885, 146.

[55] TOBLER-MOLINIER, *Itinera*, 17, 53, 102, 105, 106, etc.

[56] GEYER, *Itinera*, 270 - TOBLER-MOLINIER, 181, 209. - BALDI, n° 274, p. 221.

[57] TOBLER-MOLINIER, 229.

[58] DE SANDOLI, II, 26. - BALDI, n° 278, p. 222.

[59] DE SANDOLI, II, 98. - BALDI, n° 280, p. 222.

[60] DE SANDOLI, II, 374. - BALDI, n° 284, p. 223.

[61] DE SANDOLI, III, 40.

fonte adiacet"[62]; Poloner (1422): *"a porta civitas est fons Jacob"[63]*, e incluso Quaresmio en 1626: *"et vocatur puteus est fons samaritanae"[64]*.

Está claro, pues, que *fons* también puede significar *pozo* y, por lo tanto, no se debe buscar necesariamente una fuente externa en Caná partiendo de las solas palabras del piacentino, como se ha hecho con tanta frecuencia. Varios autores contemporáneos identifican esta fuente de la que habla el pseudo-Antonino con la fuente de Kafr Kanna desde que Quaresmio hiciera la observación de que en Kh. Qana no hay fuentes (aunque sí abundantes pozos y cisternas) mientras que en Kafr Kanna hay una muy famosa. No parecen haber valorado suficientemente la ambivalencia del término *fons* ni el hecho de que la fuente de Kafr Kanna está demasiado alejada de la iglesia como para formar parte de un mismo ritual litúrgico, si esta interpretación es correcta, en cuyo caso necesitaría una fuente o pozo en las inmediatas proximidades.

II. El primer período árabe (636-1099)

10. Arculfo (c. 670)

Un siglo ha de transcurrir hasta que otro peregrino nos deje un relato de su visita a los Santos Lugares, explicable por la terrible invasión persa de Cosroes del 614 y posteriores invasiones árabes. De la redacción que hizo Adamnano de la peregrinación de Arculfo, adornada con cuatro planos de santuarios, han llegado hasta nosotros más de 20 manuscritos, algunos de los cuales se remontan al siglo IX.

---

[62] DE SANDOLI, IV, 166. - BALDI, n° 288, p. 224.

[63] T. TOBLER, *Descriptiones Terrae Sanctae ex saeculo VIII, IX, XII et XV*. Leipzig 1874, 274. - BALDI, n° 292, p. 226.

[64] QUARESMIO, II, 799 (1ª ed.), 601 (2ª ed.), 380 (ed. Jerusalem 1989). - BALDI, n° 296, p. 227.

Ninguno de ellos menciona la visita a Caná, a pesar de que Arculfo estuvo dos días hospedado en Nazaret.

Por el orden de su recorrido se ve, sin dejar lugar a dudas, que tuvo que pasar por Kafr Kanna para llegar a Nazaret: *Lago de Galilea con Cafarnaúm y Tiberíades – Nazaret – Tabor*[65].

A pesar de ello ni describe ni menciona Caná, lo que resulta inexplicable si Kafr Kanna fuese la ciudad evangélica, y al igual que la omisión de Jerónimo, supone otro inconveniente muy serio a la hipótesis de Kafr Kanna. Estas dos omisiones se explican perfectamente desde la hipótesis de Kh. Qana.

11. S. Willibaldo (723-726)

En el *Hodoeporicon* o Vida de S. Willibaldo (y no en el *Itinerarium*, que es un resumen del mismo) se encuentra la primera mención de la iglesia de Caná:

> "Et ibi Domino se commendantes ambulaverunt inde & veniebant in villam Chanam, ubi Dominus aquam in vinum convertit. Illic est ecclesia magna, & in illa ecclesia stat in altare una de sex hydriis, quas Dominus iusserat implere aqua & in vinum verse sunt & de illo communicaverunt vino. Unum diem fuerunt illic. Et inde pergentes venerunt ad montem Tabor..."[66].

De las dos hydrias que había mencionado el piacentino sólo resta ahora una, colocada también sobre el altar de la "gran iglesia". Estos datos nos señalan la identidad entre el lugar visitado por el piacentino y por S. Willibaldo. Pero ¿existió realmente una gran iglesia?, porque en el largo período de más de mil años que van de Constantino y Sta. Elena a los peregrinos de la Edad Media nadie la ha descrito, fuera del calificativo *magna* de este monje inglés que después alcanzaría la dignidad episcopal. La duda se afianza aún más si tenemos en cuenta que S. Willibaldo no escribió el *Hodoeporicon*, de tal modo que no sabemos si realmente vio la *gran iglesia* o si, simplemente, las redactoras de su Vida lo añadieron con toda naturalidad, en una lógica suposición, máxime teniendo en cuenta que la redacción final se hizo tras su muerte, 60 años después de su peregrinación, y la redacción más primitiva del Itinerarium no dice

---

[65] TOBLER-MOLINIER, 183, 209. - *CCSL* 175, pp. 218-219.
[66] TOBLER-MOLINIER, 260. - BALDI, n° 243, p. 207.

nada de ninguna iglesia, si bien es cierto que, dada su brevedad, tampoco habría que esperar muchos detalles[67].

De las dos últimas frases no se puede deducir la orientación del lugar respecto de Nazaret, ni tampoco se puede afirmar que, puesto que *"venerunt ad montem Tabor"* pasaron por Kafr Kanna. No se ve cuál es la dificultad de la hipótesis contraria, máxime cuando dedicaron *unum diem* para ir hasta Caná.

Toda la información positiva de Willibaldo es que permanecía una hydria sobre el altar, lo que confirma la existencia de un lugar de culto, pero poniendo en duda, por nuestra parte, la existencia de una gran iglesia.

12. Epifanio Hagiopolita (ss. VIII-IX)

La breve y apretada *Enarratio Syriae* del monje Epifanio fue datada por Röhricht en el 840; posteriormente Schneider[68] la estableció como de la segunda mitad del siglo VIII. Además del texto que reproduce Baldi[69] hay un segundo párrafo, muy confuso, relativo a Caná. El texto completo de ambos es el que sigue:

"Itemque a colle Thabor est iter unius diei usque ad oppidum magnum, quod in Cana Galilaeae est: in qua etiam factae sunt nuptiae, ubi Christus aquam in vinum convertit. Est etiam monasterium in quo miraculum factum est (...) et ad ipsum mare prope littus, [Tabgha] est ecclesia, ubi stat Christus, ubi focus et pisciculus: eodemque in loco Petrus mare pedibus calcavit, eoque calcato perrexit ad Christum. Deinde ad occidentem, circiter unius diei itinere est Nazareth. Deinceps a Cana Galilaeae proficisceris ad sanctam urbem Alexandriam [ευς τεν αγιαν πολιν Αλεϲανδρειαν], et ingresus navigium, Dei ope abis ad Romaniam, cum fide et alacritate multa..."[70].

También Epifanio habla de un monasterio, coincidiendo con el *Commemoratorium de Casis Dei*[71]. Ninguna otra fuente volverá a

---

[67] TOBLER-MOLINIER, 269.
[68] A. SCHNEIDER, "Das Itinerarium des Epiphanius Hagiopolita", en *ZDPV* 63 (1940) 143-154.
[69] BALDI, n° 245, p. 207.
[70] EPIPHANIO MONACHI, *Enarratio Syriae* (*PG* 120, 271). - Edición crítica de H. DONNER, "Die Palästinabeschreibung des Epiphanius Monachus Hagiopolita", en *ZDPV* 87 (1971) 42-91.
[71] TOBLER-MOLINIER, 303. - BALDI, n° 244, p. 207.

hablar de cenobio alguno, por lo que parece que fue de una vida relativamente corta, entre los siglos VIII y IX.

El *iter unius diei* que empleó para llegar a Caná desde el Monte Tabor resulta un poco exagerado para los 15 km. que le separan de Kafr Kanna, aunque no sabemos qué recorrido hizo, pero ése es precisamente el tiempo necesario para cubrir los casi 30 km. que hay hasta Kh. Qana: una jornada de camino.

El segundo párrafo es prácticamente ininteligible y carente de crédito, habida cuenta del desorden que hay en toda su narración, que obliga a pensar en una alteración del texto y tal vez en una mutilación. Dentro de este desorden narrativo, que no permite tomarlo literalmente como itinerario real de su peregrinación, sino como vagos recuerdos aislados, el texto dice que desde el lago de Galilea, dirigiéndose a occidente, llegó, en casi un día de camino, a Nazaret, por lo tanto utilizando la vía actual que pasa por Kafr Kanna, y, sin embargo, dice atravesar Caná no antes, sino después de Nazaret.

Si de la frase siguiente se traduce literalmente *"a la santa ciudad de Alejandría"* se podría interpretar que después de Nazaret se dirigió a un puerto del Mediterráneo, Tiro o Acre, para embarcarse hacia la *santa ciudad de Alejandría*, pasando por Caná de Galilea, lo que significa que estaría describiendo Kh. Qana, pues por allí pasaba el camino de Séforis-Kabul-Acre, pero todo indica que la *santa ciudad* ha de ser Jerusalén, pues así la llama constantemente en el itinerario, mientras que a Alejandría, que ya ha descrito previamente con un recorrido terrestre desde Gaza, no la llama nunca *santa ciudad*. Con todo, el texto sigue siendo ininteligible aunque se traduzca *"a la santa ciudad (Jerusalén) y a Alejandría"*, pues no hay forma de armonizar esas palabras con la realidad de la geografía ni en una hipótesis ni en la otra.

13. Nassiri Khosrau (1047)

En el año 438 de la Hégira, correspondiente al cristiano 1047[72], el persa Nassiri Khosrau, o Nâsiri Husru, pasó por Palestina en su largo viaje por Siria, Egipto, Arabia y Persia. En este relato de su viaje tenemos el testimonio más antiguo que acredita el topónimo Kafr Kanna, medio siglo antes de la llegada de los cruzados:

---

[72] Y no al 1036 que dice SCHEFER, su primer editor y traductor contemporáneo. Véase nota siguiente.

"Je me rendis à un village appelé Kafar Kanna. Au sud de ce village s'étend une colline, au haut de laquelle s'éleve un beau monastère fermée par une porte d'une extrême solidité. On y voit le tombeau du prophète Younis [Jonas]. En dehors du monastère est un puits dont l'eau a un goût agréable. Après avoir fait mes dévotions dans ce sanctuaire, je retournai à Akkèh"[73].

El término *monastère* es evidentemente inapropiado para traducir el lenguaje de un musulmán que describe un *weli*. Marmardji lo traduce por *cellule*[74], con la variante de que no indica que el *weli* esté al sur, sino *"tout près de là"*. El *santuario del nebi Younis* estaba, pues, en manos de los musulmanes ya a mediados del siglo XI.

Schefer, al comentar este párrafo supone que *"le monastère dont parle Nassiri Khosrau est probablement l'église [de Kafr Kanna] dont on voit encore aujourd'hui les ruines"*, teniendo en cuenta que su libro está publicado en el mismo año en que fue inaugurada la iglesia franciscana. Sin embargo, el texto podría referirse también a El Meschad, ya que dice que está al sur o muy cerca del pueblo y sobre una colina, por tanto fuera del propio lugar de Kafr Kanna. Exactamente al sur de esta localidad también hay una colina pronunciada, pero ignoramos dónde se halle el pozo de agua agradable, que determinaría su localización exacta.

Si en la pequeña población de Kafr Kanna había alguna tradición y culto cristiano sobre el primer milagro de Cristo no debía de ser muy notable, pues este viajero musulmán que deja constancia del culto cristiano en Belén y Jerusalén, nada dice del mismo en Kafr Kanna.

Pero más importante que esta omisión, que por otra parte sería explicable en un musulmán, es la comprobación de que el topónimo Kafr Kanna ya existía en el siglo XI al menos, y sin embargo ningún peregrino del período árabe nos ha dejado la información de que "Caná se llama ahora Kafr Kanna". Ya que no sabemos a qué época se remonta el nombre actual se debe limitar esta observación al período posterior a Khosrau, que es, por lo demás, muy abundante en

---

[73] CH. SCHEFER, *Sefer Nameh. Rélation du voyage de Nassiri Khosrau.* Paris 1881, 59. - Comentario: CH. CLERMONT-GANNEAU, "Le Pèlerinage de Nâseri Khosrau d'Acre à Tibériade", en *RAO*, I, 303-319.

[74] A.S. MARMARDJI, *Textes Géographiques Arabes sur la Palestine (TGA).* Paris 1951, 175. - G. LE STRANGE, *Palaestine Under the Moslems. A Descriptio of Syria and the Holy Land from A.D. 650 to 1500.* London 1890, 469.

testimonios y relatos de peregrinos. Pues bien, contra lo que podría esperarse, con anterioridad a 1621 no existe ni un solo peregrino que nos diga que así como "Emaús se llama ahora Nicópolis o Chubebe, Lydda Dióspolis, Ramatha Rames, Bethoron Beter, Siquén Neápolis, Samaría Sebaste, Séforis Diocesarea, Antípatris Arsuf, Gaza Gazara o Beth-Shean Escitopólis", advierta que "Caná se llama ahora Kafr Kanna".

14. El Final del Primer Período Arabe. Conclusiones Parciales

Con Khosrau se termina el período anterior a la llegada de los cruzados, más de mil años después de Cristo y del milagro de Caná. De los testimonios aportados en este largo período podemos sacar las siguientes conclusiones:

1. La actual Kh. Qana se corresponde con el pueblo llamado Caná por Flavio Josefo.

2. Eusebio y Jerónimo localizan el lugar evangélico en Khirbet Qana.

3. No hay ningún indicio de haber existido una doble tradición que localizase Caná en dos lugares diversos, sino únicamente una.

4. No hay ningún testimonio que identifique Caná con Kafr Kanna con certeza ni con alta probabilidad.

5. No hay ningún testimonio que resulte incompatible con Kh. Qana

6. Kh. Qana ha mantenido el nombre evangélico durante todo este período, mientras que Kafr Kanna tiene otro diverso cuyo origen ignoramos, pero que ya aparece acreditado medio siglo antes de los cruzados.

7. Los cruzados, pues, al llegar a Palestina y Galilea, heredaron una tradición única y por entonces inequívoca sobre Caná.

III. El período de los Cruzados (1099-1291)

15. La Tradición y los Cruzados

Con el siglo XII comienza el fructífero período de los cruzados, acompañado de una revitalización de las peregrinaciones y con ellas una abundante literatura de itinerarios y descripciones de Tierra Santa.

Los cruzados aseguraron el nexo de unión con la tradición del milenio precedente y gracias a su constante preocupación por los santos lugares y su ingente labor constructora, a pesar de lo reducido de su permanencia, pudieron los siglos siguientes continuar venerando los lugares evangélicos y mantener la memoria de la tradición.

No se puede afirmar, como se ha dicho y escrito tantas veces, que "los cruzados cambiaron la tradición para fijarla en Kh. Qana", sin aportar ninguna prueba o indicio que contradiga no sólo el hecho de que a su llegada había una sola tradición sobre Caná y un único lugar con este nombre, sino la simple lógica que podía esperarse: la de que los cruzados no hicieron otra cosa que venerar lo que ya se veneraba.

En efecto, no puede causar sorpresa que los cruzados, guiados por la información de los cristianos del lugar y la que podían traer desde Europa, se hubieran dirigido a una localidad que se llamaba Caná de Galilea, obrando con una lógica tan sencilla como eficaz. Lo que sí resultaría, en cambio, sorprendente es que teniendo en Kafr Kanna la iglesia bizantina de Sta. Elena, de acuerdo con la hipótesis de esta localización, la hubieran ignorado para dirigirse a otro lugar donde no había más que ruinas. Es decir, que si la mezquita de Kafr Kanna, de la que se habla desde el siglo XVII a nuestros días, era "el santuario de las bodas, del que se apropiaron los musulmanes para venerar el milagro a su modo", eso significa que, habiéndose construido en el período bizantino y estando en pie en el siglo XVII[75], por fuerza estaba esplendente en el siglo XII. Es inexplicable entonces que los cruzados no hubieran visto ni apreciado la tal iglesia, ni tuvieran noticia de la tradición cristiana de Kafr Kanna, ni de la presunta veneración musulmana "a su modo" (?), ni dieran explicación del hipotético cambio de la tradición y ni tan siquiera dejaran un testimonio de alguna duda acerca de su localización, tal y

---

[75] Cf. MEISTERMANN, *Guida di Terra Santa*, Firenze, 1925, 551-552; *Guide de Terre Sainte*, Paris 1935.

como hace el embajador francés Louis des Hayes, por primera vez, en 1621.

16. Qana y Kafr Kanna en el Período Cruzado

La toponímica de los dos lugares que se disputan la localización de Caná está afortunadamente bien testimoniada por pruebas documentales, ajenas a la literatura de peregrinos cristianos, ya con anterioridad a este período, lo cual debe tenerse siempre presente a la hora de leer e interpretar las fuentes posteriores a 1047, que hablan de Caná sin manifestar duda, confusión o referencia a Kafr Kanna y viceversa.

Después de Nassiri Khosrau otro musulmán y también persa, Aboul Hassan Aly El-Herewy, también conocido como Alí de Herat por su lugar de nacimiento, visita Galilea y Palestina en los años 1174-1176 y escribe una guía de lugares de peregrinación, donde dice:
"Kafr Kanna. On voit là le *maqâm* de *Yûnus* [santuario de Jonás] ainsi que le tombeau de son fils"[76].

Más tarde, en 1225, el conocido geógrafo árabe Yaqût escribe en su Diccionario Geográfico (IV, 290):
"Kafr Kanna: c'est un village en Palestine. Dans Kafr Kanna se trouvent le sanctuaire du prophète Jonas et le tombeau de son père"[77].

En 1300 Izziddîn b. 'Abdel-Haq repetirá estas mismas palabras en sus Maraâsid, o *"Informaciones sobre los nombres de lugares y países"*[78], que no es más que un resumen del Diccionario de Yaqût con algunas adiciones.

Entre las fuentes cristianas, el obispo franco de Acre, después cardenal, Jacques de Vitry, cuenta en su Historia de Jerusalén (1226) cómo poco antes de la tragedia de Hattin tuvo lugar, en mayo de 1187, la batalla conocida hoy como de Kafr Kanna, narrando los hechos sin hacer mención alguna de Caná, sino de Casale Robert, que es el nombre que los cruzados dieron a Kafr Kanna:

---

[76] ABOUL HASSAN ALY EL-HEREWY, *Description des Lieux Saints de la Galilée et de la Palestine*. Traduite par Ch. Schefer. Gênes 1881, 11. - ABUL-HASAN ALI B. BAKR AL-HARAWI, *Guide des Lieux de Pèlerinage*. Traduction annotée par Janine Soudel-Thomine. Damas 1957, 52.

[77] MARMARDJI, *TGA*, 175. - LE STRANGE, *Palaestine*, 469.

[78] Idem nota anterior.

"Magister enim Militiae Templi cum fratribus suis plusquam septuaginta incaute egrediens cum Magistro Hospitalis, qui cum fratribus suis decem de castello suo Belvoir revertatur, interclusi sunt eis iuxta Casale Roberti"[79].

Contemporáneamente Ernoul (1228), al narrar estos mismos sucesos, sitúa el enfrentamiento en un lugar entre Nazaret y Tiberíades llamado *Fuente del Cresson (o Kerson)*[80], llamado por otras fuentes *Ain-Jose*, que si no es el mismo manantial de Kafr Kanna o Ain-Mahel ha de ser otro lugar muy próximo. En cualquier caso, como Vitry, Ernoul no hace ninguna referencia a Caná.

También por parte cristiana el anónimo autor, probablemente inglés, del *Libellus de Expugnatione Terrae Sanctae* nos proporciona otra breve pero útil información sobre el campamento musulmán en los días previos a la batalla de Kafr Kanna, diciendo que estaba situado *"in planicies Campi Chana Galilee"*, entre *Cafran* y *Roumana*, que las fuentes árabes llamaron *Marj-al-Sunbul*, es decir "campo de espigas". J. Prawer[81] ya observó el error de Röhricht al identificar *Cafran* con Kafr Kanna[82], cuando se refiere evidentemente a *Shefa'Amr* (actual Shfar'am, MR 166245), pero nos parece que igualmente yerra Prawer cuando interpreta que el *Marj-al-Sunbul* era probablemente el lugar donde se veneraba el episodio evangélico de las espigas arrancadas en sábado (Mc 2,23-28 y par.). La localización entre Shfar'am y Rumene no deja lugar a dudas que los *Campi Chana Galilee* se refieren al Qana del Battof, y que el *Marj-al-Sunbul* no es otra cosa que los campos de cereales de la fértil llanura, situados, efectivamente, entre Shfar'am y Rumana/Rumene.

En el siglo siguiente, en agosto de 1254, el señor de Sidón, Julián, y su esposa Eufemia, vendieron por 24.000 besantes sarracenos de Acre a la hospitalaria Orden de San Juan de Jerusalén el pueblo de su propiedad llamado "Casal Robert, que en sarraceno se llama Cafrequenne". Esta venta originaría un sinfín de pleitos con el obispo de Nazaret durante 16 años, pues reclamaba este lugar como

---

[79] JACOBI DE VITRIACO [JACQUES DE VITRY], *Historia Iherosolimitana Abbreviata*. Cap. XCIV; en J. BONGARS, *Gesta Dei per Francos*. Hanoviae 1611. Tomus I, 1.117. - Traducción inglesa: A. STEWAR (ed.), *The History of Jerusalem A.D. 1180 by Jacques de Vitry*. London 1896, 100.

[80] M.L. DE MAS LATRIE (ed.), *Chronique d'Ernoul et de Bernard le Trésorier*. Paris 1871, 146 (cap. XII).

[81] J. PRAWER, *Histoire du Royaume Latin de Jérusalem*. Paris 1975, I, 645 y nota 5.

[82] R. RÖHRICHT, *Geschichte des Königreiches Jerusalem*. Innsbruck 1898, 424.

perteneciente a la mitra, a pesar de lo cual nunca se mencionará iglesia alguna en Kafr Kanna, ni tampoco el topónimo Caná, ni por parte del obispo de Nazaret, ni del vendedor Señor de Sidón, ni del Gran Maestre del Hospital que lo había comprado.

Este primer contrato de compra-venta, además de identificar el *Casal Roberti* con Kafr Kanna, establece su ubicación geográfica con toda claridad:

"...je Julien, seignor de Saette et de Biaufort (...) à vous frere Guillelme de Chastel Nuef (...) maistre de l'Ospital de saint Johan (...) et à voz succesors un miel casal, qui est nomé casal Robert, et en Sarrazineis *Cafrequenne*, qui siet entre Nazareth et Thabarie, o totes ses apartenances, et o toz ses terreors, et o totes ses devises et o totes ses posesions, et ses teneures, et ses raisons, e ses dreitures (...) Le quel devantdit casal siet en tel maniere: devers orient marchist à Quepsene [Kh. Meskene/Seba Khoubsat, MR 188243] et à la gastine de Jubeil [Umm Gebeil]; devers midi marchist au casal de Ain-Meher [Ein Mahil/Ain el-Mahil, MR 183236] et au casal qui a nom Raîne [Reina/El Raineh, MR 179236]; devent occident marchist à Saforie [Séforis/Zippori/Safureh, MR 176239] et a Romete [Kh. Ruma/Rumet Heib, MR 177243] et à Romene [Rumana/Rumene/Rumani, MR 179243], et devers boire marchist au casal de Touraan [Turan/Tur'an, MR 185242]..."[83].

Obsérvese que el "nombre sarraceno" de Kafr Kanna había sido sustituido, no simplemente latinizado, por el de *casal Robert* y no por el de *Cana Galilee*, como sucede en la actualidad, si no oficialmente sí en el lenguaje habitual de los peregrinos y la población cristiana del entorno, para manifestar así la convicción de que Kafr Kanna y Caná de Galilea son la misma cosa. Pero esto no sucedió nunca hasta el siglo XVII, y, por tanto, tampoco en el período cruzado, simplemente porque entonces existía una localidad viva que se llamaba así: Caná de Galilea.

Unos días después, el 22 de septiembre de 1254, se deja constancia del proceso verbal de la toma de posesión del casal Robert por el Maestre del Hospital:

---

[83] J. DELAVILLE LE ROULX, *Cartulaire Général des Hospitaliers de Saint Jean de Jérusalem*. 4 Vols. Paris 1894-1906. Tomo II, 761-762 (n° 2688). - Extracto (en latín) en R. RÖHRICHT, *Regesta Regni Hierosolymitani*. Oeniponti 1893, 321 (n° 1217).

> "In nomine sancte(...) cum dominus Julianus (...) donavit
> (...) casale Robert, situm in regno Jerosolimitano inter
> Tyberiadim et Nazareth, cum omnibus juribus et pertinentiis
> suis (...) tamquam curia regni Jerosolimitani, una cum eis
> accedentes ad prefatum casale Robert, raycius ejusdem
> casalis..."[84].

Todavía se nombra seis veces más el casale Robert "con todas
sus pertenencias y frutos de la tierra, a saber olivos", sin mencionar
iglesia alguna.

El 30 de junio de 1255 un documento de la Orden de San Juan
confirma las posesiones que los hospitalarios tienen *"inter Montem
Thabor et mare Tyberiadis et casale Robert"*[85] y tan solo unos días
después, por otro documento fechado en *meis de jullet* de 1255, el
arzobispo de Nazaret concede al Maestre del Hospital cuatro pueblos
del valle del Battof, entre ellos Caná de Galilea:

> "Nos Henri, par la grace de Deu arcevesque de Nazareth
> (...) avons livré en apaut à vos, frere Guillaume de Chastel Neuf
> (...) quatre casals que nos avons au Batof, qui sunt en la dyocese
> de Nazareth, c'est asaveir Rome et Romene, et Cafreezeir [El
> Qasr/Uzeir, MR 181244] et Cane Galilée, o totes lor
> apartenances et lor raisons (...) c'est asaveir: en Rome LXXX
> charrués (...) et en Cane Galilée L charrués"[86].

Ante las dificultades habidas con la población sarracena del
Battof para ejercer su autoridad, los hospitalarios establecen un nuevo
acuerdo con el arzobispo de Nazaret cuatro años más tarde, el 24 de
octubre de 1259, con una expresa nueva mención de Caná:

> "... cum ecclesia Nazarena suas possessiones et casalia
> propter sui impotentiam non potueri et nec possit manutenere et
> defendere (...) tum propter hostiles Saracenorum incursus et
> graves discordias, que cotidie inter rusticos Saracenos casalium
> dicte ecclesie oriuntur (...) videlicet Roma, Rometta,
> Caphrahusepth [El Qasr/Uzeir] et Cana Galilée, ad quinquaginta

---

[84] DELAVILLE LE ROULX, *Cartulaire,* II, 764-765 (n° 2693). - Extracto en latín en
RÖHRICHT, *Regesta,* 322 (n° 1220).

[85] DELAVILLE LE ROULX, *Cartulaire,* II, 786-787 (n° 2747). - Extracto en
RÖHRICHT, *Regesta,* 325-326 (n° 1237).

[86] J. DELAVILLE LE ROULX, *Les Archives, la Bibliothèque et le Trésor de l'Ordre de
Saint-Jean de Jérusalem à Malte.* Paris 1883, 187. - DELAVILLE LE ROULX,
Cartulaire, II, 787-789 (n° 2748). - Extracto (en latín) en RÖHRICHT, *Regesta,* 326
(n° 1239).

annos primo venturos, pro duobus milibus bisanziis Sarracenatis"[87].

También en Kafr Kanna se encontraron los hospitalarios con dificultades para tomar posesión tras la compra de 1254, pero esta vez no por parte de los sarracenos, sino del mismo arzobispo de Nazaret, que lo reclamaba como perteneciente a su diócesis, por lo que el 11 de octubre de 1261 el procurador de la Orden Hospitalaria, en nombre del Gran Maestre, en presencia del obispo de Belén y Legado Apostólico, fray Tomás de Lentino, requiere a Julián, Señor de Sidón, para que se hiciese garante contra el arzobispo de la venta del Casale Robert[88]. El legado de la Santa Sede fallaría una sentencia arbitral entre las distintas partes, que fue aceptada por el arzobispo y capítulo de Nazaret en un largo documento de 17 de enero de 1263:

"...super solucione appalti terre Nazareth (...) quam super casali Roberti, quod alias Kafarkenna dicitur, cum pertinentiis suis, Nazarene diocesis (...) super dicto casale Roberti et ejus pertinenciis (...) absolvimus, liberamus et quietamus de cetero et in perpetuum predictos magistrum et conventum domus Hospitalis, et succesores eorum, ab omni prestacione et solucione decimarum de predicto casale Roberti et ejus pertinenciis (...) super appalto quam super predicto casale Roberti et pertinenciis suis (...) per quos in predicto casale Roberti (...) magistrum et conventum Hospitalis et successores eorum super dicto casali Roberti et pertinenciis suis (...) contingeret predictum casali Roberti, quod alias Kafarkenna dicitur..."[89].

Aún por cuatro veces más se citará el *predicto casale*, sin llamarlo nunca Caná ni mencionar iglesia alguna entre sus pertenencias.

Sin embargo, todo parece indicar que el acuerdo no debió de satisfacer enteramente a las partes o no se llevó a efecto, ya que ocho años después, el 11 de marzo de 1271, Hugo Revel, nuevo Gran Maestre, y Guido, nuevo arzobispo, anularon aquél acuerdo conseguido por la mediación del Legado Tomás de Lentino, en estos términos:

---

[87] DELAVILLE LE ROULX, *Cartulaire*, II, 880-881 (n° 2934). - Extracto en RÖHRICHT, 335 (n° 1280).

[88] DELAVILLE LE ROULX, *Cartulaire*, III, 14 (n° 2995).

[89] DELAVILLE LE ROULX, *Cartulaire*, III, 62-65 (n° 3051). - Extracto en RÖHRICHT, 343 (n° 1314).

"...dissolvendi, et cassandi, et irritandi, et annullandi compositionem, et arbitrium et laudum, olim per venerabilem patrem dominum fratrem Thomam, tunc episcopum Bethleemitanum, apostolice sedis legatum (...) movere questionem de casale Roberti et Naure, seu Nore, et aliis, de quibus per predictum dominum Betlehemitanum..."[90].

Ya un siglo atrás, en 1161, antes de la batalla de Kafr Kanna, dos canónigos de Nazaret que firmaron un documento para dirimir diferencias de propiedad entre la diócesis de Nazaret y la poderosa abadía del Valle de Josafat, llevan el gentilicio *"de Caná"*: Bernardus de Cana y Giraudus de Cana[91], que más que un gentilicio de devoción, para esta época, debe entenderse como un gentilicio toponímico de procedencia, o por nacimiento, o por residencia, o por haber sido o ser un clérigo adscrito a este lugar.

No hay duda, por tanto, que Caná de Galilea estaba localizada, igual que antes y después de los cruzados, en el Sahel El-Battof, y que subsiste al mismo tiempo que otra localidad llamada por los árabes Kafr Kanna y por los cruzados casal Robert, sin ignorar nunca éstos su nombre autóctono, y sobre el que no existe ni la más pequeña referencia ni a Caná, ni al primer milagro de Cristo ni a ninguna otra tradición evangélica. Esto significa igualmente una dificultad prácticamente insalvable para la teoría que explica que el primitivo Caná de Galilea habría perdido su nombre original para evolucionar en el de Kafr Kanna, pues tal teoría tendría su lógica verosímil sólo en el caso de que el topónimo original hubiese desaparecido, pero no, claro está, si éste se mantiene simultánea, invariable e ininterrumpidamente en otro lugar.

17. Saewulfo (1102-1103)

Los abundantes sincronismos que incluye el relato de la peregrinación de Saewulfo permiten datar sin dificultad este primer itinerario del período cruzado tan solo 4 ó 5 años después de la conquista de Jerusalén, lo que significa que no hay interrupción alguna entre el período precedente y el que inicia Saewulfo. Se ve en él un hombre instruido, tal vez sacerdote, y en su relato un buen orden.

---

[90] DELAVILLE LE ROULX, *Cartulaire*, III, 241-243 (n° 3414).

[91] H.F. DELABORDE, *Chartes de Terre Sainte provenant de l'Abbaye de N.-D. de Josaphat.* Paris 1880, 83 (n° XXXV). - Extracto en RÖHRICHT, 98 (n° 371).

Por seis veces remite a los *asirii*, es decir a los nativos del lugar, su fuente de información, cuando ésta le parece ser dudosa o fantasiosa, y una vez dice incluso que "*no secundum veritatem*", lo que refleja su buen sentido crítico. También acusa un buen sentido geográfico y de la orientación, hasta el punto de hacer precisiones tales como "*inter orientem et aquilonem*" o referirse a los altares norte y sur de algunas iglesias. En suma, estas características permiten conceder un buen crédito a su narración, en la que dice:

> "A Nazareth distat chana galilee, ubi dominus aquam in vinum convertit in nuptiis, quasi sex miliariis ad aquilonem, in monte sita: ibi nichil est remissum preter monasterium quod dicitur Architriclini. Inter Nazareth et [Chanam] Galileam quasi in medio, est quodam castrum quod Roma [Kh. Ruma/Rumet] vocatur, ubi omnes tyberiadem ad Acharonte [Acre] pergentes hospitantur, habentes Nazareth in dextris, [Chanam] Galileam autem in sinistris"[92].

Se trata de una descripción extraordinariamente clara de Kh. Qana: sobre una montaña, seis millas al norte de Nazaret, teniendo a medio camino la aldea de Roma (Ruma/Romet Heib), con Caná a la izquierda (viniendo de Acre) y Nazaret a la derecha. Parece que más precisiones no se pueden dar.

Saewulfo se encontró allí con una completa ruina: *nihil est remissum preter monasterium*. Al decir que no queda nada, excepto el monasterio, esto significa que anteriormente debían de haber otras edificaciones además de la que permanece: iglesia, viviendas y seguramente la venerada sala de las bodas.

Ocho veces utiliza Saewulfo la palabra *monasterium*, pero no siempre como sinónimo de cenobio, sino también como sinónimo de iglesia: así en Belén, Nazaret y Monte Tabor, donde dice haber "*tria vero monasteria in cacumine*"[93], refiriéndose a las tres iglesias que allí había. Esto nos pone ante la duda de si en Caná está describiendo un monasterio o una iglesia, capilla o lugar de culto, ya que basílica es evidente que no había, por sus palabras "*nihil est remissum*", y puesto que llama *Architriclini* al lugar bien pudiera hacer referencia a la sala de las bodas o del milagro. *Monasterio*, de acuerdo con el uso que hace Saewulfo de esta palabra, significaría simplemente un lugar de

---

[92] De Sandoli, II, 26. - Baldi, nº 247, p. 208. - M. D'Avezac, *Relation des voyages de Saewulf à Jérusalem et en Terre-Sainte*. Paris, 1839, 39.
[93] De Sandoli, II, 26.

culto servido por monjes o clérigos, no necesariamente un cenobio, estrictamente hablando, y, por tanto, es bien verosímil que el *monasterio quod dicitur Architriclinii* pudiera ser la pretendida sala de las bodas, convertida en capilla o lugar de culto con la desaparición de la iglesia, de acuerdo con el testimonio de S. Willibaldo. Ninguna descripción dejó Saewulfo de esta iglesia, monasterio o capilla del Architriclinio, pero lo más importante, a los efectos que aquí se pretenden, es su indudable localización: Kh. Qana una vez más.

18. El Abad Daniel (1104-1109)

Prácticamente al mismo tiempo que Saeewulfo visitó los Santos Lugares el *Egumeno Daniil*, el primer ruso que ha dejado un itinerario escrito. Aunque no contiene ninguna descripción pormenorizada de Caná sí aporta, con cierta confusión, un dato útil para su localización. Después de narrar su visita al Monte Tabor y Nazaret dice:

"Il y a cinq verstes de Nazareth au village de Jacob. De ce village à Cana en Galilée la distance est d'une verste et demie. Cana en Galilée se trouve sur la grande route: c'est là que le Christ changea l'eau en vin. Nous y rencontrâmes une grande caravane qui se rendait à Acre. Nous joignant à elle avec grande joie, nous nous dirigeâmes aussi vers Acre, qui était jadis une ville sarracine: mais, actuellement, elle appartient aux Francs"[94].

Una vez más el cálculo de las distancias, a partir de su información, no nos conduce a ninguna parte. Primero, porque si bien la medida de la *versta* rusa era normalmente de 1.065 metros, existían también las *verstas* grandes y, además, cambiaron de longitud con el tiempo. Del itinerario de Daniel parece desprenderse que sus *verstas* equivalían a unos 1.065 mts, pero esto sólo *grosso modo* y no siempre, lo cual debe conjugarse, además, con los naturales errores humanos de toda apreciación *de visu*. Y segundo, porque los diversos manuscritos, agrupados en dos familias, según procedan de la primera o segunda redacción (ss. XV y XVI), dan medidas demasiado dispares: una *versta* y media y dos *verstas* en el abreviado más antiguo, y cuatro *verstas* en algunos de la recensión segunda[95].

---

[94] B. DE KHITROWO, *Itinéraires Russes en Orient*. Génève 1889, 72. - M. GARZANITI (ed.), *Daniil Egumeno: Itinerario in Terra Santa*. Roma 1991, 155-156. - BALDI, nº 248, p. 208.

[95] GARZANITI, *Daniil Egumeno*, 185, nota 1.106.

Las combinaciones posibles entre tantas variantes nos dan todas las medidas imaginables entre 532 y 6.700 metros.

De nuevo la información positiva la proporciona el orden del itinerario: *Tabor – Nazaret – Villa de Jacob – Caná – Acre.*

De Nazaret el abad Daniel y su grupo se dirigieron al pueblo de *Iakovlja* (Jacob), según los manuscritos de la 1ª redacción, o de *Isavova* (Esaú), según el abreviado más antiguo, o de *Isakova* (Isaac), según los de la 2ª redacción[96], situado siempre a cinco verstas, y después, a una distancia sensiblemente más corta, fueron hasta Caná. Es un claro error de interpretación de Baldi suponer que fueron directamente de Nazaret a Caná, situándola así a una versta y media de Nazaret[97], en cuyo caso se deduciría más lógicamente que se habrían dirigido a Kafr Kanna. Pero el texto dice claramente que de la ciudad de Nazaret fueron al pueblo de Jacob, y de este pueblo (no de *aquella ciudad*) fueron a Caná, situada a poca distancia.

Para identificar este pueblo de Jacob (o Isaac, o Esaú), ajeno a la tradición cristiana, se hace necesario acudir a las fuentes musulmanas y judías, y así encontramos que, en 1174, el persa El-Herewy, en su itinerario ya mencionado *"Indicaciones para conocer los Lugares Santos"*, dice:

"Roumah est une bourgade qui relève de Thabaryèh. Yahuda b. Ya'qub [Judá, hijo de Jacob] y est enterrée"[98]. (...) Sur la route qui conduit de Thabaryèh à la ville de Akkah, il y a un village appellé Mandah où se trouve le sépulcre de la femme de Moïse (...) Là également se trouvent deux des fils de Jacob qui son, dit-on, Asir et Neftâli"[99].

Yaqût, el más célebre de los geógrafos árabes, reproduce en 1225 esta misma información de El-Herewy en sus dos principales obras: *Mu'jam al-buldân* (Diccionario Geográfico) y *Al-Mustarik* (Homónimos y Antónimos)[100].

Poco después, en 1258, el rabino Jakob (¿de París?) escribe en su *Descripción de las Tumbas Sagradas (Eleh ha-Massa'ot)*:

---

[96] GARZANITI, *Daniil Egumeno*, 185, nota 1.104.

[97] Cf.: BALDI, nº 248, p. 208.

[98] Sobre esta pretendida tumba de Judá vid.: CH. CLERMONT-GANNEAU, "Roûmè et le tombeau de Juda", en *RAO*, I, 323-4.

[99] ABOUL HASSAN ALY EL-HEREWY, *Description des Lieux Saints de la Galilée et de la Palestine*. Traduite par CHARLES SCHEFER. Gênes 1881, 11.

[100] MARMARDJI, *TGA*, 87, 176.

"Dans Ruma est une caverne qui renferme, dit-on, le tombeau de Benjamin, fils de Jacob"[101].

Mucho después, ya en el siglo XVI, dos obras muy semejantes entre sí, publicadas inicialmente con el mismo título, tal vez por ser una misma obra en su origen incierto, dan fe de la pervivencia de estas tradiciones judías. En 1537 se publicó la obra anónima *Yichus ha-Zadikim* (Los Sepulcros de los Justos), que Carmoly prefirió retitular, el siglo pasado, *Yichus ha-Abot* (Los Sepulcros de los Padres), para distinguirla de la homónima posterior, de más relevancia y difusión. En la primera se puede leer:

"Ruma. Là est enterré dans un caveau Reubén, fils de Jacob, notre père (...) Hors du caveau et près de la caverne *Caizran* on prétend qu'apparaîtra le Messie[102].

Kefar Menda: là sont enselevis rabbi Issakhar et rabban Siméon, fils de Gamaliel"[103].

Posteriormente publicó Gerson de Scarmela, en 1561, la obra homónima *Los Sepulcros de los Justos*, que alcanzó notable difusión, condensando las dos fuentes precedentes:

"Al-Ruma: Au dedans d'une caverne est un caveau, et près de cette caverne est *Caizran*. On dit que de là apparaître le Messie. Ici se trouve le sépulcre de Benjamin le Juste[104]. A Kefar Menda (...) rabbi Issakhar et rabban Siméon, fils de Gamaliel, tous sous le village"[105].

Es curioso que los hijos de este rabino Gamaliel de Kafr Manda se llamasen Isacar y Simeón, como dos de los hijos de Jacob, tal vez como efecto de la influyente tradición que localizaba, entre su propio pueblo y el vecino de Ruma, las tumbas de varios hijos del Patriarca, si es que no se trata de la transformación o confusión de una tradición precedente acerca de otras tantas tumbas de estos dos hijos de Jacob.

---

[101] E. CARMOLY, *Itinéraires de la Terre Sainte des XIIIᵉ , XIVᵉ , XVᵉ , XVIᵉ et XVIIᵉ siècle.* Paris 1847, 186.

[102] Son desconocidos el nombre y la caverna "donde aparecerá o se manifestará el Mesías". ¿No podría ser esto un residuo, entre los judíos, de la tradición viva de la presencia y manifestación de Cristo en Caná? Cf.: C.R. CONDER, "Note on Various Jewish Traditions as to the Place Where Messias Should be Born", en *PEFQS* (1876) 98-99.

[103] CARMOLY, *Itinéraires*, 383.

[104] Sobre Benjamin b. Jacob y Benjamín el Justo vid.: CLERMONT-GANNEAU, "Sarâqa et le sépulcre de Benjamin", en *RAO*, I, 324ss.

[105] CARMOLY, *Itinéraires*, 383.

Condensando, pues, todas estas informaciones tenemos que, en Ruma, se veneraban las tumbas de:
- Judá, hijo de Jacob,
- Benjamín, hijo de Jacob,
- Rubén, hijo de Jacob, y
- Benjamín el Justo (¿rabino o hijo de Jacob?)

Y en Kafr Manda se veneraban las tumbas de:
- Aser y Neftalí, hijos de Jacob, e
- Isacar y Simeón, hijos de Gamaliel, cuyos nombres coinciden con otros tantos hijos de Jacob.

Todo indica, pues, que el "pueblo de Jacob" (o las variantes menos acreditadas *Isaac* o *Esaú*, nombres muy semejantes en ruso, y curiosamente emparentados) que está a cinco *verstas* de Nazaret ha de ser Ruma o Kafr Manda, ambas localidades situadas a tan solo 4 km. de Kh. Qana, al S. y O. respectivamente y sin ninguna otra población intermedia, pues les une y les separa al mismo tiempo la llanura del Battof.

En Ruma se concentra el mayor número de tumbas de hijos de Jacob, y por Ruma había y hay que pasar necesariamente para llegar a Kh. Qana por el camino casi rectilíneo de Séforis-Ruma-Qana. Además, sabemos por Saewulfo que en Ruma se detenían los viajeros de Tiberíades-Acre, y que Kafr Manda estaba situada sobre el mismo camino, según El-Herewy, de modo que se explica perfectamente que el abad Daniel y sus compañeros tomaran la caravana en Kh. Qana para ir hasta Acre. Todo es exactamente coincidente con el orden del itinerario ruso, de modo que no cabe duda que el "pueblo de Jacob" es Ruma (o en último caso Kafr Manda) y, por tanto, el Caná que visitó Daniel no puede ser otro que Khirbet Qana.

19. Belardo d'Ascoli (1112-1120)

W.A. Neumann, en 1881, dató el itinerario de Belardus de Ésculo entre 1112 y 1120 por ciertos indicios de su narración, que califica en conjunto como *"une énumération sommaire et aride des Lieux Saints, que a dû écrire de mémoire, longtemps après avoir vu les lieux dont il parle"*[106]. Su parquedad y cierto desorden no impiden considerarlo, en conjunto, una descripción fiable, aun cuando se

---

[106] W.A. NEUMANN, "La "Descriptio Terrae Sanctae" de Belardo d'Ascoli (1112-1120)", en *Archives de l'Orient Latin*. Paris 1881, I, 225-229.

aprecien tres errores geográficos, que no empañan el valor de testimonio ocular de este peregrino *frater*. Dice de Caná:

> "Chana villa est posita inter Nazareth et Thiberiadim. Locus nuptiarum est cripta in saxo cavata que capere forte L homines"[107].

Estas dos informaciones de Belardo son realmente contradictorias, dado que la localización *inter Nazareth et Thiberiadim* nos sitúa en Kafr Kanna, mientras que la descripción de la gruta nos sitúa, en cambio, en Kh. Qana.

En efecto, Belardo es el primer testimonio explícito de la gruta venerada en Kh. Qana, que igualmente describirán, después de él, el Anónimo *"Chemins et Pèlerinages"* hacia 1265, Burchardo del Monte Sión en 1283, Marino Sanudo en 1310, Juan de Perusio en 1320, Jacobo de Verona en 1325, Juan Poloner en 1422, Alejandro Ariosto en 1423, Pantaleón de Aveiro en 1564, y que felizmente los PP. Antonucci y Testa, del Studium Biblicum Franciscanum de Jerusalén, consiguieron localizar el 26 de septiembre de 1965 en la colina de Khirbet Qana. En ella encontraron abundantes grafitos y cruces devocionales sobre la más antigua de las cuatro capas de estuco que revocan la gruta, además de *"un banco di pietra e una pietra rotonda [che] probabilmente sono i supporti dove nel Medio Evo stavano le giarre credute del miracolo"*[108].

No hay duda alguna en que esta gruta de Kh. Qana se corresponde enteramente con la que describen Belardo y la larga lista de peregrinos posteriores citados, lo cual está en abierta contradicción con la posibilidad de que el mismo sitio venerado por Belardo *inter Nazareth et Thiberiadim* pudiera ser Kafr Kanna, dado que en este lugar no existe ninguna gruta venerada ni tampoco peregrino alguno ha descrito otra gruta en Kafr Kanna, por lo que la imprecisa localización de Caná que hace Belardo debe considerarse por fuerza el cuarto de sus errores.

Parece razonable admitir que, de las dos afirmaciones de Belardo, sólo la primera es susceptible de error o imprecisión, mientras que la segunda, afirmar que se trata de una cripta excavada

---

[107] DE SANDOLI, II, 48.

[108] B. BAGATTI, "Le Antichitá di Kh. Qana e di Kefr Kenna in Galilea", en *LA* 15 (1964-1965) 257-259. – B. BAGATTI, *Antichi Villaggi Cristiani di Galilea*. Gerusalemme 1971,43. - Cf.: R.M. MACKOWSKI, "Scholars Qanah. A re-examination of the evidence in favor of Khirbet-Qanah", en *BZ* 23 (1979) 278-284.

en la roca, no puede confundirse en modo alguno con una iglesia basilical u otra construcción. Cabe, sí, imprecisión en la apreciación de su capacidad, que él dice ser apta para unos 50 hombres, lo que, por otra parte, es bastante acertado.

Con más claridad se verá la posibilidad del error geográfico de Belardo si se examinan los otros errores que contiene su itinerario:

1. Sitúa Betsaida, e igualmente Corozaín, en las proximidades de Tiberíades y a orillas del lago.

2. Sitúa *Azotum* (Asdod? Arsuf?) *"in provincia Samarie"* y *"iuxta mare occidentale"* al mismo tiempo, lo cual también es contradictorio.

3. Igualmente, dice que los *"montes Gelboe sunt inter Naim et Samariam"*, cometiendo así la misma imprecisión que hace al situar Caná.

En la interpretación de este último texto se podría admitir, con notable impropiedad ciertamente, que aún cuando el monte Gélboe está completamente fuera de la línea imaginaria que une Naím con Samaría-Sebaste, está en esa región geográfica colindante. Igualmente se podría decir, con la misma impropiedad, que Kh. Qana está en el entorno geográfico de Nazaret-Séforis-Mar de Galilea, o Nazaret-Tiberíades, considerando siempre que se trata de la descripción de un recuerdo fijado por escrito un tiempo después.

En suma: la aparente localización de Caná en Kafr Kanna que señala Belardo debe considerarse simplemente una imprecisión de su itinerario, dado que refiere con certeza la gruta de Khirbet Qana, descrita igualmente por el notable grupo de peregrinos que hemos señalado y es conocida en nuestros días.

20. "De Situ Urbis Ierusalem", Fretello y otros (a. 1130 – c. 1280)

Probablemente un sacerdote, a juzgar por sus conocimientos bíblicos, es el anónimo autor del itinerario *"De Situ Urbis"*, compuesto antes de 1130.

La importancia de este itinerario, o más propiamente Descripción de Tierra Santa, le viene dada por el hecho de ser el texto primigenio que después plagiarían (suponiendo que él mismo no sea un plagio de otro anterior, dado que no se conoce), en parte o en todo, alterando el orden o con añadidos de citas bíblicas, otras cinco Descripciones del período cruzado, que forman así una misma familia de itinerarios, algunos de los cuales han alcanzado cierta notoriedad. Son los de Fretello-Egesippo (1130-48), el pseudo-Beda (1148), Juan de Wirzburg (1165), Teodorico (1175) y el Anónimo *"Liber de Civitatibus Terrae Sanctae"*, de finales del siglo XIII. Estos cinco itinerarios coinciden en describir Caná *a oriente de Nazaret o Séforis*, por lo que tendríamos aquí una abundancia de testimonios, los primeros, que localizan claramente Caná en Kafr Kanna, como es bien sabido.

Aun cuando en cada una de estas Descripciones se podrían determinar la procedencia de los capítulos, las interpolaciones, las sucesivas alteraciones y los añadidos o secciones propias de cada "autor", a los efectos que nos interesan basta con examinar la sección dedicada a Galilea, y más particularmente la correspondiente al entorno de Nazaret, para comprobar, despejando cualquier posible duda, que estamos ante un único texto, con sucesivas alteraciones, pero no ante seis itinerarios distintos, al menos en la sección que afecta a Galilea, dado que no puede negarse que dos de ellos, los de Juan de Wirzburg y Teodorico, son elaboraciones personales de auténticos peregrinos, aunque utilicen un texto básico ajeno a ellos: el itinerario *De Situ Urbis*.

De todas estas alteraciones tan sólo una tiene un interés relevante, la introducida por Fretello-Egesippo, cuando dice que Caná se encuentra *a oriente de Nazareth*. A su vez, el itinerario del pseudo-Beda, del que no debe olvidarse que se trata de una condensación de itinerarios anteriores, y no de un testigo ocular, le añade una segunda variante, aparentemente insignificante, pero que, tomada acríticamente, conduciría con más claridad aún a la identificación de Kafr Kanna, al decir ahora que Caná está *"a oriente de Séforis"*, y que repetirán ya invariablemente los otros tres itinerarios que dependen de éstos. Pero el anónimo autor de la Descripción titulada *"De Situ Urbis Ierusalem et de Locis Sanctis"* no dice en su párrafo relativo a Caná que ésta se sitúe a oriente ni de Nazaret ni de Séforis:

> "Duodecimo miliario a Tyberiade Nazareth, civitas Galilee, in qua Ihesus nutritus fuit. Nazareth interpretatur flos. In sinagoga Nazareth librum Ysaie aperuit Ihesus, ex eo Iudeis exponens. In summis Nazareth contra orientem fons oritur exiguus, ex quo in pueritia sua Ihesus haurire solebat, ministrans matri sue et sibi.

Secundo miliario a Nazareth, Sephoris civitas, via quo ducit Acon: que a Sephet conditore suo nomen traxit. Ex Sephori Beata Anna mater matris Christi.

Quinto miliario a Nazareth Chana Galilee civitas antiqua in tribu Asser: in qua *puer* [sic] Ihesus aquam convertit in vinum. Ex Chana Symon Chananeas et Philippus et Nathanael.

Miliario a Nazareth contra meridiem locus qui precipitium appellatur. Est autem supercilium montis, ex quo Ihesus precipitare voluerunt parentes eius a quibus disparuit.

Quarto miliario a Nazareth contra austrum Thabor mons..."[109].

Se aprecia notablemente la influencia del *Onomasticon* transmitido por Jerónimo en los topónimos exclusivos de este itinerario, o en su explicación de la etimología de Nazaret, cuando no en su explícita mención *"testante Ieronimo"*, correspondiente ciertamente al *Liber de Situ et Nominibus*.

La información de Caná, tomada igualmente del *Onomasticon-Liber de Situ*, es tan escueta que da la impresión de que este anónimo peregrino no la haya visitado, tal vez por conocer el testimonio de Saewulfo de que *"nihil est remissum"*.

Obsérvese, con todo, que el orden del recorrido de este peregrino nos sitúa en Kh. Qana, teniendo en cuenta que mantiene siempre un orden narrativo concorde con la geografía:

a) Panias – Betsaida - Corozaín – Cafarnaúm
b) Genesaret – Magdala – Tiberíades (Betulia-Dothaim)
c) Tiberíades – Nazaret - Séforis – Caná
d) Nazaret – Tabor – P. Hermón – Naím – T. Quisón - Jezreel

Parece evidente que si Caná estuviese localizada en Kafr Kanna el orden de su exposición debería haber sido Tiberíades – Caná – Séforis – Nazaret, pues por Kafr Kanna hay que pasar necesariamente, viniendo de Tiberíades, para ir a Nazaret. Igualmente señala Kh. Qana la distancia, tomada con un valor relativo, a que sitúa Caná de Nazaret: a cinco millas, mientras que para Séforis indica dos. Está claro que si pretendiese localizar Kafr Kanna tendría que haber indicado la misma distancia que a Séforis, desde Nazaret: dos millas; a lo sumo, podrían aceptarse tres. Pero la desproporción es demasiado grande para esta hipótesis y, en cambio, encaja razonablemente en la

---

[109] DE SANDOLI, II, 94. - M. DE VOGÜÉ, *Les Eglises de la Terre Sainte*. Paris 1860, 423. - BALDI, nº 249, p 208.

de Kh. Qana. Los dos criterios coinciden, pues, en señalar la colina del Battof.

Por su parte, el "archidiácono de Antioquía" Fretello, dudoso tanto en el nombre como en la identidad, ha dejado una descripción de los lugares santos con el título de *Liber Locorum Sanctorum Terrae Ierusalem,* prácticamente coincidente con la que Migne publicó del escritor griego Egesippo, de ahí que con frecuencia se cite este itinerario con el nombre de ambos. Su párrafo relativo a Caná, procedente del *"De Situ Urbis",* como la mayor parte del itinerario, viene modificado muy ligeramente, tan sólo con la mencionada interpolación *"contra orientem",* manteniendo incluso las dos expresiones difíciles de aquél: el *"puer Ihesus"* de Caná y los *"parentes eius"* que desean despeñar a Jesús en el *precipitium* de Nazaret, con la variante de que aquí llama a Jesús *"iuvenem",* tal vez para dulcificar un poco el sorprendente sustantivo *"puer"* utilizado anteriormente al describir a Jesús:

"Decimo milliario a Tyberiade est Nazareth civitas Galilaeae... Nazareth interpretatur flos... Secundo milliario a Nazareth Sephoris est civitas, via quae ducit Achon; et Sephori Anna mater beatae Mariae matris Jesu fuit nata. Quarto milliario a Nazareth est Cana Galilaeae contra orientem, a qua fuerunt Philippus, et Nathanael, in qua puer Jesus, discumbens cum matre in nuptiis, aquam convertit in vinum. Milliario a Nazareth contra meridiem est locus, qui et principium [sic] dicitur, ex quo juvenem Jesum praecipitare voluerunt parentes ejus, aemulantes prudentiam ipsius, et ab eis in momento disparuit"[110].

La evolución del texto original a través de los distintos itinerarios en cuestión se podrá apreciar con toda claridad por medio del siguiente cuadro sinóptico:

---

[110] DE SANDOLI, II, 130-132. - FRETELLUS, *PL* 155, 1044. - Cf.: EUGESIPPUS, *PG* 133, 996.

De situ urbis (1130)

"*Duodecimo* miliario a Tyberiade Nazareth, civitas Galilee, in qua Ihesus nutritus fuit. Nazareth interpretatur flos. In sinagoga Nazareth librum Ysaie aperuit Ihesus, ex eo Iudeis exponens. In summis Nazareth contra orientem fons oritur exiguus, ex quo in pueritia sua Ihesus haurire solebat, ministrans matri sue et sibi.

Secundo miliario a Nazareth, Sephoris civitas, via quo ducit Acon: que a Sephet conditore suo nomen traxit. Ex Sephori Beata Anna mater matris Christi.
Quinto miliario a Nazareth Chana Galilee civitas antiqua *in tribu Asser*: in qua *puer* [sic] Ihesus aquam convertit in vinum. Ex Chana Symon Chananeas et Philippus et Nathanael.

Miliario a Nazareth contra meridiem locus qui precipitium appellatur. Est autem supercilium montis, ex quo Ihesus precipitare voluerunt *parentes eius* a quibus disparuit.

Quarto miliario a Nazareth *contra austrum* Thabor mons... In descensu.... obviavit Abrahe... Melchisedech offerens ei panem et vinum Secundo miliario a Thabor *contra orientem* mons Hermon..

Secundo miliario a Thabor Naym"

Fretello-Egesipo (1130-48)

"*Decimo* milliario a Tyberiade est Nazareth civitas Galilaeae... quia nutritus in ea fuit: Nazareth interpretatur flos, vel virgultum, nec sine causa, cum in ea flos ex fructu, cujus saeculum repletum est, flos inquam ille, quem virgini Mariae Gabriel archangelus... inquiens: Ave María...

Secundo milliario a Nazareth Sephoris est civitas, via quae ducit Achon; et Sephori Anna mater beatae Mariae matris Jesu fuit nata.
Quarto milliario a Nazareth est Cana Galilaeae *contra orientem*, a qua fuerunt Philippus, et Nathanael, in qua *puer* Jesus, discumbens cum matre in nuptiis, aquam convertit in vinum. In Nazareth labitur fons exiguus ex quo in pueritia sua...
Milliario a Nazareth contra meridiem est locus, qui et *principium* [sic] dicitur, ex quo *juvenem* Jesum praecipitare voluerunt *parentes ejus*, aemulantes prudentiam ipsius, et ab eis in momento disparuit.
Quarto milliario a Nazareth *contra orientem* est mons Thabor, in descensu... obviavit Abrahae... Melchisedech, que fuit rex et sacerdos, qui dicitur Salem, praesentans ei panem et vinum quod significat... Secundo milliario a Thabor *contra orientem* est mons Hermon...
Secundo milliario a Thabor est Naim..."

Pseudo-Beda (1148)	Juan de Wirzburg (1165)
"Duodecimo miliario a Tyberiade Nazareth...quod in ea conceptus et nutritus fuit. Nazareth interpretatur flos vel virgultum nec sine causa, cum in ea flos ortus sit, ex fructu cuius seculum repletum est, flos ille virgo Maria, ex qua Gabriel archangelus ille in predicta Nazareth filium Altissimi nasciturum nunciavit inquiens: Ave Maria... Cui Maria: Ecce ancilla...	"[Nazareth] decem milliariis a Tiberiade distans... quod ipse in ea conceptus et nutritus fuit...Nazareth interpretatur flos vel virgultum, nec sine causa, cum in ea flos ortus sit, ex cujus gratia est repletus mundus... Labitur fons exiguus ille, ex quo in pueritia Jesus... Milliario a Nazareth contra meridiem est locus qui praecipitium dicitur, ex quo invenientes Jesum praecipitare voluerunt...
Secundo miliario a Nazareth Sephoris civitas via que ducit Accon. Ex Sephori beata Anna, mater matris Jesu.	Secundo milliario a Nazareth Sepphoris civitas, via quae ducit Accon. Ex Sepphoris Anna, mater Mariae, matris Domini nostri. In Sepphori etiam dicitur fuisse nata beata virgo Maria, sed, teste Hieronymo, in ipsa civitate Nazareth nata esse dicitur.
Tercio miliario a Nazareth, secundo a Sephori contra *orientem in tribu Aser Chana* Gallilee, ex qua Philippus, de quo Salvator: Philippe, qui videt me, videt et Patrem meum, et Natanael, de quo et Dominus: Hic est verus Israhelita, in quo dolus non est. In Chana Gallilee Jesus cum sua matre discumbens in nupciis aquam convertit in vinum. In Nazareth habetur fons exiguus... contra meridiem locus qui precipicium dicitur, ex quo iuvenem Jesum precipitare voluerunt emulantes eius prudenciam...	Quarto milliario a Nazareth, secundo a Sepphori Cana Galilaeae ad orientem, a qua Philippus et Nathanael, in qua *puer* Jesus, cum matre sua discumbens in nuptiis, aquam convertit in vinum.
Quarto miliario a Nazareth contra *meridiem* mons Thabor... Secundo miliario a Thabor contra *orientem* mons Hermon... In descensu montis Thabor obviavit Abrahe redeunti a cede Amalech Melchisedech sacerdos et rex Salem, presentans panem ei...	Quarto milliario a Nazareth contra orientem mons Tabor...Secundo milliario a Tabor contra *orientem* mons Hermon. In descensu Tabor obviavit Abrahae redeunti a caede Amalech dominus Melchisedec, qui et Sem, filius Noe, sacerdos et rex Salem, presentans ei panem et vinum quod figurat altare...
Secundo miliario a Thabor Naym civitas..."	Secundo milliario a Tabor Naim civitas, ad cujus portam Jesus restituit vitae filium viduae, *quem incolae narrant Bartholomaeum* fuisse, postea factum apostolum."

Teodorico   (1175)

"Quarto milliario a monte Tabor versus occidentem gloriosissima civitas in via quae ducit Accon, Nazareth sita est...

Milliario a Nazareth contra meridiem locus est, qui Praecipitium vocatur, ex eo Judaei Christum praecipitare volebant, quando ipse transiens per medium illorum ibat.

Secundo a Nazareth milliario Sepphoris, civitas munita, via quae ducit Accon: ex qua fuit beata Anna, mater genitricis Christi.

Quarto milliario a Nazareth, secundo a Sepphori Chana Galilaeae contra orientem, unde Philippus et Nathanael et ubi Dominus aquas convertit in vinum.

[en el cap. anterior]
Secundo a Magdalo milliario Cinnereth, contra occidentem mons Tabor existit altitudine praestans... *In hujus montis descensu Melchisedech, sacerdos Dei altissimi, et rex Salem Abrahae a acede Amalech revertenti obviam venit proferens panem et vinum...*

Item tertio a Sepphori milliario castrum validissimun templariorum via quae ducit Accon, et mox ultra tria milliaria ipsa Accon sive Ptolemaida".

Liber de Civitatibus T.S. (fin. s. XIII)

"Quartodecimo miliario ab Accon est civitas Nazareth...

Milliario a Nazareth contra meridiem est locus qui Saltus dicitur, de quo *juvenem* Iesum voluerunt praecipitare *parentes* eius emulantes prudentiam eius sed ab eis in momento disparuit.

Quarto miliario a Nazareth in via qui ducit Accon est Saphoris civitas; ex quo Saphoris Anna mater Marie matris est Christi. Inter ipsam et Nazareth est fons irriguus et perspicuus ex se copiosas emittens; qui fons Saphornius vocatur.

Sexto miliario a Nazareth, secundo a Saphoris versus orientem est Cana Galilee a quo Simon Cananeus et Philippus Nathanaelis in qua *puer* Iesus cum matre discumbens in nuptiis in vinum.

Sexto miliario a Nazareth contra orientem mons Thabor... In descensu montis obviavit Abrahae redeunte a cede Amalech domus Melchisedec qui et *Sem filius Noo* sacerdos et rex Salem...

Septimo miliario a Thabor Naim... iuxta Endor. In quarto miliario eiusdem montis ad meridiem ad cuius portam civitatis Iesus restituit vite filium mulieris vidue".

Del análisis de los seis itinerarios se aprecia, en primer lugar, una casi completa coincidencia entre los tres primeros, que mantienen incluso el mismo orden descriptivo. La característica más señalada es su escaso sentido de la orientación, habida cuenta de que se transmiten y copian los mismos gruesos errores: el *"secundo milliario[111] a Thabor contra orientem mons Hermon"* del *De Situ Urbis* es plagiado sin sorprender a los peregrinos posteriores, pues el Pequeño Hermón está exactamente en dirección opuesta, al suroccidente, exceptuando de este error a Teodorico. Igualmente el *puer Jesus* de Caná y los *parentes eius* que quieren despeñar a Jesús en Nazaret, según el *De Situ Urbis,* lo repiten Fretello, Juan de Wirzburg y el Liber de Civitatibus (que lo recibe del Wirzburgense), mientras que los omiten el pseudo-Beda y Teodorico.

El *"Cana Galilee contra orientem [a Nazareth]"* que introduce Fretello y, en adelante, repetirán los otros cuatro itinerarios, parece tratarse de una transposición, considerando que ha omitido el error del anónimo *De Situ Urbis* que sitúa *"in summnis Nazareth contra orientem fons"*, pues éste es el único párrafo que ha cambiado de lugar en Fretello, pasando a repetirse (sin el *contra orientem*) precisamente después de la descripción de Caná, lo que parece confirmar la transposición involuntaria de estas dos palabras.

En todo el itinerario *De Situ Urbis* hay 14 orientaciones locales, de las que 7 son erróneas, 2 dudosas y sólo 5 certeras. Los errores son tan gruesos como situar Ain Karem al sur de Jerusalén, Biblos a oriente de Beirut o Trípoli a oriente de Biblos. Su primer plagiario, Fretello, está igualmente carente del mismo sentido, y repite literalmente 3 errores de aquél, al tiempo que convierte en erróneas otras tantas orientaciones correctas del mismo anónimo. Es decir, que las orientaciones geográficas de esta familia de itinerarios, que en la práctica es uno solo, carecen de crédito.

Atendiendo al criterio del texto más breve y sencillo, no cabe duda que también el *De Situ Urbis* se revela como el primigenio, pudiéndose seguir bien el desarrollo de las glosas posteriores, y no solo en el párrafo de Caná. Fretello añade, por ejemplo, en la

---

[111] El Onomasticon de Eusebio sitúa Naím y, por tanto, el Pequeño Hermón a 12 millas del Tabor (*Onomasticon*, 140-141). Este error intenta corregirlo S. Jerónimo diciendo que está a 2, equivocándose también, pues realmente está a unas 6 millas romanas, o a 4 millas (7 km.) si se mide la distancia desde *Dabburiye*. Una prueba más de que el autor del *De Situ Urbis* tenía ante sí el *Liber de Situ* o versión jeronimiana del *Onomasticon.*

descripción de Nazaret, las palabras del ángel en la Anunciación. El pseudo-Beda le añade, a su vez, la respuesta de la Virgen, y Juan de Wirzburg se contenta con poner las primeras palabras de ambos seguidos de un escueto *etc.*

La Descripción del pseudo-Beda[112] puede calificarse como un buen anexo bíblico a un itinerario pre-existente. Copia casi literalmente al *De Situ Urbis* en sus capítulos III al XI, con sus mismos errores geográficos (el Tabor àl sur de Nazaret, el P. Hermón a oriente del Tabor y a dos millas, repitiendo incluso la expresión tan personal *"Segor autem a compatriotis modo oppidum palme vocatur"*)[113] teniendo a la vista la versión de Fretello (*juvenem Jesu, Sarepta a oriente de Tiro...*),[114] pero, en cambio, ilustra certeramente cada localidad con la oportuna cita bíblica, sin repetir nunca los crasos errores de sus modelos (*puer Jesus* en Caná, *parentes eius* en Nazaret). Sus buenos conocimientos escriturísticos y sus escasas nociones geográficas explican que sea el único itinerario que transmite una noción contradictoria de Caná: la de que está a oriente de Séforis y, al mismo tiempo, en la tribu de Aser.

Los otros tres itinerarios forman un segundo grupo por el hecho indudable de que tanto el canónigo de Wirzburg[115] como Teodorico[116] reflejan realmente su condición de peregrinos en Tierra Santa, particularmente con el inestimable valor de las tradiciones orales y las más de 50 inscripciones epigráficas que recogen, manifestando expresamente ambos haberse servido de itinerarios ya conocidos. El itinerario de Juan de Wirzburg está en la base de los otros dos.[117]

No obstante, ninguno de estos tres itinerarios aporta nada de su propia mano referente a Caná, confirmando con ello que tampoco visitaron el lugar, limitándose sin más a copiar el texto conocido, por lo que debe decirse de ellos lo mismo que se ha dicho de los anteriores.

---

[112] DE SANDOLI, III, 62. - W.A. VON NEUMANN, *OVKT* (1868) 397-438.

[113] DE SANDOLI, III, 62 y 48 respectivamente.

[114] DE SANDOLI, III, 62 y 56 resp.

[115] DE SANDOLI, II, 230. - T. TOBLER, *Descriptiones Terrae Sanctae ex saeculo VIII, IX, XII et XV.* Leipzig 1874, 112. - *PL* 155, 1057. - BALDI, nº 250, p. 208.

[116] DE SANDOLI, II, 380. - T. TOBLER, *Theodorici Libellus de Locis Sanctis.* Paris 1865, 106. - M.L. & W. BULST, *Theodericus. Libellus de Locis Sanctis.* Heidelberg 1976.

[117] Para el último itinerario, el *Liber de Civitatibus Terrae Sanctae*, véase: DE SANDOLI, IV, 342.

En conclusión: la multiplicidad de itinerarios que describen Caná *a oriente de Séforis*, y que serían, por tanto, un inapreciable apoyo para sustentar la hipótesis de la localización en Kafr Kanna son, en realidad, una simple apariencia: esos cinco testimonios referidos a Caná son otros tantos plagios del itinerario *De Situ Urbis*, y la interpolación *contra orientem* una transposición textual de Fretello. En cambio, el texto original:

1) no sitúa Caná a oriente de Nazaret ni de Séforis.

2) atendiendo al criterio del orden del recorrido describe Kh. Qana

3) describe igualmente Kh. Qana atendiendo a la valoración relativa de las distancias que señala.

21. Joannes Phocas (1177)

Un breve pasaje de la *"Compendiaria Descriptio Castrorum et Urbium, ab urbe Antiochia usque Hierosolyman"* (1177), del monje cretense Ioannou Foca o Joannis Phocae, latinizado, que reproduce en versión biligüe la Patrología Griega, menciona Caná, aunque de forma muy vaga:

> "Prima itaque post Ptolemaidem urbs Galilaeae Semphori sita est, prorsus inculta, atque inhabitabilis, nullumque fere pristinae beatitatis prae se fert vestigium. Eam excipit Cana, castellum parvum, ut nunc videnti objicitur. Ibi aquam Salvator in vinum convertit. Tum inter varios colles media, ad ima ab eisdem effformatae vallis, urbs Nazareth locum habet"[118].

Su recorrido es: Acre-Séforis-Caná-Nazaret-Tabor, que puede adaptarse a las dos hipótesis sin mayor problema.

22. "De Locis Sanctis" (Innominados V, IX y X) (c. 1175 - 1275)

Otras tres anónimas Descripciones de Tierra Santa, que abarcan un período de un siglo, presentan entre sí tales semejanzas en la sección narrativa de Galilea que obligan a un análisis conjunto: el Innominado V, llamado sintéticamente por De Sándoli *"De Locis Sanctis et Populis et Bestiis in Palaestina Vitam Degentibus"*, fechado en torno al año 1180; el Innominado IX, retitulado igualmente *"De Via Eundi de Iope in Ierusalem"*, datado en torno a 1175; y el

---

[118] JOANNIS PHOCAE, *Descriptio Terrae Sanctae*, 10 (*PG* 133 , c. 934). - BALDI, n° 251, p. 208.

Innominado X, llamado en la última edición de Sabino De Sándoli *"Si Quis Voluerit Ire ab Acon"*, que se ha datado con posterioridad a 1250.

A pesar de que el itinerario más extenso es el primero lo tenemos, sin embargo, por el texto más antiguo, anterior al Innominado IX, del que éste tomó lo relativo a la descripción puramente geográfica, omitiendo, en cambio, lo referente a la zoología y botánica, si es que el Innominado IX se ha conservado íntegro. Parece indicarlo así el hecho de que la Descripción *De Locis Sanctis* utiliza siempre la *milla* para sus mediciones, mientras que el *De Via Eundi de Iope* prefiere usar la legua, aunque manteniendo alguna vez la milla; igualmente este último utiliza las corrupciones *miliaria* o *decolatus* por los *milliaria* o *decollatus* del *De Locis Sanctis*; y finalmente las haplografías observadas nos conducen igualmente a considerar el primer itinerario mencionado como el más antiguo, a pesar de las fechas probables que se les ha otorgado, cuya diferencia de cinco años, además de ser aproximativa, es por otra parte irrelevante.

La Descripción *De Locis Sanctis* parece más un trabajo de escritorio que el relato de una peregrinación. Es de destacar que mantiene una buena y constante proporción en el cálculo de las distancias, expresadas en millas, que parecen corresponderse con la milla francesa de 1.950 m, admitiendo siempre un natural margen de error, pues sus millas equivalen siempre a una distancia real entre 2 y 2,5 km. lo que permite hacer una valoración de su métrica no sólo relativa, sino también absoluta, ya que es bastante fiable en todas sus distancias (Betania-el Qarantal, Jericó-Jordán, Samaría-Sebaste, etc). El orden de la exposición es también concorde con la geografía. De Caná no dice expresamente nada útil para su localización, pero sí se puede obtener información a partir de los tres criterios de análisis que utilizamos: el orden del recorrido o exposición, la métrica relativa y, en este caso, también la métrica absoluta:

"De Jerusalem ad Samariam, que vocatur Neapolis XXIIII mil. Ubi est puteus Jacob, ubi Dominus loquebatur mulieri. Deinde usque Sebastiam IIII mil. Ubi decollatus est Johannes Baptista. Ab illo loco usque ad montem Thabor XXIIII mil. Deinde Nazareth VI mil. De Nazareth usque Sephoriam I mil. Ubi fuit nata beata Anna. Et exinde usque Chana Galilee VI mil. Ubi convertit aquam in vinum. De

Saphoris usque Saphranum VI mil. Ubi beatus Jacobus filius Zebedei et Iohannes nati sunt"[119].

Aparentemente, por el orden de la exposición, el texto se adapta mejor a describir Kafr Kanna, ya que introduce dos veces el nombre de Séforis, antes y después de Caná, como si fuera necesario regresar a Séforis para continuar camino a Shfar'am. En este caso su descripción se podría interpretar como Nazaret-Séforis-Kafr Kanna-Séforis-Shfar'am, pero con la dificultad de que tampoco es demasiado lógica esta exposición (si es que pretende describir un itinerario), ya que el recorrido más normal debería ser, en este caso, Nazaret-Caná (Kafr Kanna)-Séforis-Shfar'am.

Si se interpreta, en cambio, como descriptivo de Khirbet Qana se plantea otra dificultad: que no es necesario regresar a Séforis para proseguir a Shfar'am y Acre. Pero, no obstante, lo cierto es que el texto dice que para ir a Caná de Galilea se va desde Nazaret a Séforis y de aquí a Caná, lo cual sólo puede decirse de Khirbet Qana, ya que para ir a Kafr Kanna, desde Nazaret, se va directamente, sin necesidad de pasar por Séforis.

Este criterio, ciertamente no del todo concluyente, adquiere mayor luz considerando el valor relativo de las distancias: Esta Descripción sitúa Caná a seis millas de Séforis, que es la misma distancia que otorga a los trayectos Tabor-Nazaret (12 km por Iksal) y Séforis-Shfar'am (12 km), lo cual coincide casi exactamente con la distancia de Séforis-Kh. Qana (11 km). En la no poco sorprendente exactitud de las distancias de este itinerario hay una excepción: es el recorrido Nazaret-Séforis, que no admite la longitud de una milla de 2,5 km. El texto original decía sin duda una milla, pues lo demuestra el plagio del tercero de los itinerarios *(Si quis voluerit ire ab Acon)*, pero aunque el original escribiera dos, correspondiendo entonces a la distancia exacta, el anónimo autor tendría que haber indicado la misma distancia que a Séforis si pretendiera situar Kafr Kanna, es decir una o dos millas (en el mejor de los casos), pero en modo alguno seis y, además, sería más lógico que la expresara desde Nazaret y no desde Séforis. Las seis millas no pueden señalar Kafr Kanna y corresponden, en cambio, a Kh. Qana, tanto si se interpretan con valor relativo como con valor absoluto.

A confirmar aún más esta localización viene el último capítulo de esta Descripción, dedicado a los nombres de las ciudades y

---

[119] DE SANDOLI, III, 32. - W.A. VON NEUMANN, *OVKT* (1866) 221-257.

poblaciones bíblicas que han cambiado con el tiempo. Ya dice en una ocasión el autor: *"Samariam, que vocatur Neapolis"*, pero, además, expresamente detalla los nombres antiguos y coetáneos de Jerusalén, Hebrón, Ascalón, Lidda, Cesarea del Mar, Haifa, Acre, Tiro, Sidón, Sarepta, Belén, Nablus, Sebaste, Cesarea de Filipo y Maometteria (Betel).[120] No se incluye el de Caná ni se menciona nunca Kafr Kanna, a pesar de que hacía ya un siglo y medio, por lo menos, que esta última población se llamaba así.

El itinerario *De Via Eundi de Iope* es prácticamente coincidente con el anterior en toda esta sección, con algunas modificaciones, como las distancias expresadas en leguas y millas. Relativo a Caná dice algo sorprendente a primera vista:

"A Nazaret usque Cana Galilee distant tres leuges, ubi fuit natus beatus Iacob filius Zebedei"[121].

No es que este itinerario transmita una nueva tradición acerca de la patria de los zebedeos. Se trata, a todas luces, de una haplografía involuntaria, o más exactamente de una omisión por homeoarcton. El copista ha saltado de *Ubi (convertit...)* a *Ubi beatus Jacobus* del texto *De Locis Sanctis*, omitiendo la línea intermedia entre ambos *Ubi* que dice: *"(ubi) convertit Dominus aquam in vinum. De Saphoris usque Saphranum VI mil.(Ubi)..."*

Tratándose de un texto copiado, sus datos no tienen valor para nuestro propósito, pero obsérvese, con todo, que la transformación de millas en leguas (que no es siempre constante) ha conservado la misma longitud para los trayectos Tabor-Nazaret que para Nazaret-Caná, imposibilitando la localización de Kafr Kanna.

El último de esta familia de itinerarios, el *Innominado X*, es otro plagio, o tal vez debería decirse simplemente otra copia que con el tiempo y los sucesivos amanuenses va recibiendo variantes, interpolaciones y también errores:

"De Nazaret ad Zaphorniam est miliarium I. Ibi fuit nata beata Maria. Deinde ad Cana Galilee sunt leugue III. Ibi Dominus defict de aqua vinum. De Zaffora ad *Cafarnaum* sunt leugue III. Ibi fuit natus scs. Iacobus Apostolus Zebedei"[122].

---

[120] DE SANDOLI, III, 42.

[121] DE SANDOLI, III, 96. - W.A. VON NEUMANN, *TTQ* (1874) 534-539. - G. GOLUBOVICH, *Biblioteca Bio-Bibliografica della Terra Santa e dell'Oriente Francescano. Tomo I (1215-1300)*. Quaracchi 1906, 407.

[122] DE SANDOLI, III, 106. - GOLUBOVICH, *Biblioteca*, I, 410.

El trayecto Nazaret-Séforis-Caná-Cafarnaúm parece describir claramente Kafr Kanna al situar Caná en el recorrido de Nazaret al Lago Genesaret. Pero este *Cafarnaúm* no es ni la evangélica ciudad del Lago ni la otra localidad del mismo nombre que surgió en el período cruzado en la costa mediterránea, entre Caifa/Haifa y Atlit, mencionada en varios itinerarios de peregrinos[123], sino que estamos ante otro error, ahora de este nuevo amanuense, que pretende corregir la grafía de *Saphranum* del itinerario *De Locis Sanctis,* convirtiéndola en *Cafarnaum.* Lo demuestra no sólo la identidad de ambos textos sino, sobre todo, la doble grafía de Séforis, que se corresponde con la también doble grafía en *De Locis Santis: Sephoriam→ Zaphorniam,* y *Saphoris→ Zaffora,* por lo que es indudable que también *Saphranum* ha sido transformado en *Cafarnaum.* Por tanto, deshecho el equívoco en la interpretación de este texto, no hay nada nuevo que añadir a lo dicho de los anteriores, pues realmente estamos ante el mismo párrafo que describe Kh. Qana un siglo más tarde.

Todos los criterios de análisis (orden del recorrido, métrica relativa y métrica absoluta), aplicados al texto original *(De Locis Sanctis)* y la explicación de sus variantes en los textos posteriores, coinciden en señalar la colina del Battof como el único lugar conocido con el nombre de Caná de Galilea.

23. El Maestro Thetmarus (1217)

En el año de la tregua entre cristianos y musulmanes, 1217, realizó Thetmarus, que se llama a sí mismo *"magister",* su largo viaje a Tierra Santa, dejando escrito un interesante itinerario. Comienza su viaje desde Acre, como casi todos los peregrinos del período cruzado, para dirigirse inmediatamente a Nazaret:

"Deinde arripui iter ab Acon (...) transiens Sephoram oppidum (...) Deinde transiens civitatem Nazareth (...). Postea transivi a Nazareth iuxta Chana Galilee ubi Dominus noster Iesus Christus aquam convertit in vinum et in loco constructa est ecclesia. Ibi apparent vestigia ubi ydrie erant posite, et dixi michi quidam sarrazenus quod illa cysterna de qua allata est aqua que in vinum fuit conversa continet usque in hodiernum

[123] Vid.: DE SANDOLI, III, 142, 232, 312 y 450.

diem aquam adhuc habentem saporem vini. Deinde a Chana Galylee perueni usque ad montem Thabor"[124].

Tres datos de interés proporciona Thetmarus: que en aquél lugar había o hubo una iglesia; que se ve el lugar donde estuvieron las hidrias y, por primera vez desde el anónimo piacentino (finales del s. VI), se menciona la veneración de la cisterna de donde provenía el agua.

La expresión *constructa est ecclesia* es imprecisa, pues tanto puede significar un tiempo presente (hay construida), como pasado (se construyó). Thetmarus la utiliza en otras 8 ocasiones, de las cuales 5 sirven para expresar que la iglesia estaba en pie (porque dice haberla visto, o porque la califica de *pulcherrima*), en los otros 3 casos, en cambio, la expresión denota que la iglesia existió, pero no permanece, si bien es cierto que, en Caná, no dice expresamente que fuera destruida. La interpretación que nos parece más correcta es la que armoniza con el resto de las fuentes, ya desde antes del período cruzado, las cuales o bien ignoran la iglesia o dicen expresamente que nada queda de ella, es decir que la expresión de Thetmarus significa, como en los otros 3 casos de su itinerario, que en el pasado se edificó una iglesia, pero ya no existe. En ningún caso utiliza el término *ecclesia* para definir cualquier lugar de culto, sino siempre referido a una verdadera iglesia.

El segundo dato es su referencia a los vestigios o ruinas del lugar donde estaban las hidrias, que no dice haber visto, lo cual encaja bien con el *locus nuptiarum est cripta in saxo cavata* que Belardo había descrito un siglo antes.

Por último menciona el lugar de donde se tomó el agua, una cisterna (que, naturalmente, puede ser también un pozo, pero no una fuente), con el ingenuo comentario del sarraceno, buen indicio de que las ruinas que visitó en Caná estaban en manos de musulmanes.

Después de Caná visitó Thetmarus el Monte Tabor. Este dato ha servido a algunos comentaristas para ver una prueba de que el lugar descrito por el maestro es Kafr Kanna, pero la expresión *deinde perveni* no significa que haga el recorrido en el mismo día, pues Thetmarus la utiliza constantemente para pasar de la descripción de un lugar a otro, aunque estén a una notable distancia, como, por ejemplo, del monte Gélboe a Cesarea de Filipo (a pesar de haber descrito antes

---

[124] DE SANDOLI, III, 254. - TOBLER, *Magistri Thetmari iter ad Terram Sanctam anno 1217*. St. Gallen-Bernae 1865, 2. - BALDI, n° 253, p. 209.

todo el entorno del Lago), o de Lydda a Sebaste, de aquí a Ramatha, y luego a Nicópolis, sin que deba entenderse, naturalmente, que se trata de la misma jornada de camino.

El texto, por tanto, del maestro Thetmarus no es unívoco, pero más facilmente parece describir la colina del Battof que Kafr Kanna.

24. Cinco itinerarios franceses (1149-1268)

Cinco de los ocho itinerarios redactados en francés del período cruzado contienen información sobre Caná. De ellos sería más apropiado decir que se trata de otra familia de manuscritos que copian o desarrollan un único itinerario original, como en el caso ya visto del itinerario *"De situ urbis"* y el grupo de descripciones que lo acompaña.

Estos cinco itinerarios son: *Les Chemins et les Pelerinages de la Terre Sainte (A y B)[125], Les Pelegrinaiges por aler en Iherusalem[126], Les Sains Pelegrinages[127],* y *Pelrinages et Pardouns de Acre[128],* datados entre 1231 y 1280. Dos de ellos, *Les Chemins* (texto A) y *Les Pelegrinaiges* son exactamente iguales, si se prescinde de la diferencia de lenguaje, es decir, que el segundo corresponde a una nueva versión en francés más moderno del primero, con tan sólo seis breves interpolaciones. El texto B de Les Chemins, que ya fue calificado así por sus primeros editores, Michelant y Raynaud, introduce variantes personales al texto A, lo que lo convierte, en cierto modo, en un nuevo itinerario, aunque con escasas novedades.

La datación de esta familia de itinerarios es dudosa, dado que el peregrino del primer itinerario se mueve siempre con completa libertad por Jerusalén y Palestina, lo mismo que los autores del texto B y del último de los itinerarios de esta familia, *Pelrinages et Pardouns,* que son los tres que poseen indicios claros de ser testigos oculares. La repetida referencia a la iglesia del Monte Sión "abatida" no puede servir para fijar un término de la datación, toda vez que fue destruida por Al-Hakim en 1009. Todas las redacciones hablan de iglesias y monasterios habitados por latinos y griegos en toda Tierra

---

[125] DE SANDOLI, IV, 66 (A) y 76 (B). - H. MICHELANT-G. RAYNAUD, *Itinéraires à Jérusalem et Descriptions de la Terre Sainte rédigés en français aux XIe, XIIe et XIIIe siècles.* Genève 1885, 187 (A) y 197 (B). - BALDI, nº 254, p. 209 (texto B).

[126] DE SANDOLI, III, 460. - MICHELANT-RAYNAUD, 101. - Baldi, nº 252, p. 209.

[127] DE SANDOLI, III, 466. - MICHELANT-RAYNAUD, 104 y 104-1.

[128] DE SANDOLI, IV, 114. - MICHELANT-RAYNAUD, 234.

Santa, e igualmente visitan con libertad el Santo Sepulcro y Jerusalén, lo que parece indicar que habría que datar, al menos el itinerario primero y originario, que es *Les Chemins* (A), entre 1149 y 1187.

El estudio comparativo de los textos aporta suficientes luces para fijar el orden de su evolución, e incluso para precisar más las dataciones, pero dado que no es éste el lugar apropiado para extenderse en ello, basta decir que *Les Chemins et les Pelerinages de la Terre Sainte* (texto A), se manifiesta como el texto originario de esta familia de manuscritos, fundamentalmente porque es el único que conserva una perfecta unidad interna: una introducción, un desarrollo bien ordenado en dos partes principales (el viaje de Acre a Jerusalén y su descripción, que se prolonga en el viaje al Tabor; y el viaje de Acre a Nazaret y su entorno) y una conclusión; también porque su lenguaje es el más arcaico, y porque da explicación a las variantes en las redacciones sucesivas.

El itinerario *Les Pelegrinaiges por aler en Iherusalen* es el mismo del texto A, pero expurgado y con lenguaje más depurado y evolucionado. Este texto omite las expresiones insólitas del texto A: las dos de Caná (el *rey* Architriclinio y la *siete* hidrias), la de Sión (el Señor se aparece a las mujeres y a Simeón) y la de Sta. María Latina ("lugar donde María Magdalena y María de Cleofás se rasgaban los cabellos por la muerte de Cristo"), completa el versículo de Jn 20,27, añade una breve descripción de Nazaret y termina bruscamente el itinerario sustituyendo el epílogo del texto A con un simple "etcétera".

El orden de la peregrinación de estos dos primeros itinerarios, como el del cuarto, *Les Sains Pelegrinages*, modificado por el peregrino del texto B y el autor de *Pelrinages et Pardouns de Acre*, es éste: Acre-Shfar'am-Séforis-Nazaret; Nazaret-Caná; Nazaret-Tabor. Nazaret es el centro de la peregrinación partiendo de Acre. El hecho de que describa una etapa para Nazaret-Caná y otra para el Tabor, también desde Nazaret, es ya buen indicio de la descripción de Kh. Qana, pero no suficiente para determinar con claridad un lugar u otro.

El texto B de Les Chemins parece, en cambio, el desarrollo de una peregrinación que ha utilizado por guía el texto A y la pone por escrito usando el mismo texto, pero con las modificaciones propias de su viaje. Tiene, por tanto, el valor de un testimonio ocular. Lo indica así la expresión *"la quela Sarasins trenchérent per mi"*, exclusiva de este itinerario, otros testimonios también exclusivos, y el desarrollo continuo de su viaje, pasando del Tabor a Tiberíades y de aquí a Caná, sin el salto de redacción del texto A. El orden de su viaje es Tabor-

Tiberíades-Caná-Nazaret-Shfar'am-Acre, que se adapta bien a Kafr Kanna, salvo en la métrica relativa (5 leguas de Tiberíades a Caná y 3 de Caná a Nazaret), pero la coincidencia de la descripción local, con un nuevo testimonio incluso, no permite aceptar esta hipótesis.

El último de los itinerarios, *Pelrinages et Pardouns de Acre,* sigue un recorrido que excluye forzosamente Kafr Kanna: Lago-Nazaret-Séforis-Caná-Shfar'am-Acre.

Ya se ve, por tanto, que siguiendo tan solo el criterio del orden del recorrido, este grupo de itinerarios identifica Caná con Kh. Qana. Pero lo más importante es la descripción local del "lugar de las bodas", coincidente en todo con los testimonios de los peregrinos anteriores y posteriores. Tienen de original la mención del pozo "a un tiro de arco" y que se entra agachado *(à croupetons)* en la roca (gruta). La coincidencia entre el orden del recorrido, que señala Kh. Qana, la descripción de la gruta y el pozo, que la señala igualmente, y los testimonios ciertos anteriores y posteriores no permite más que una conclusión lógica.

La evolución del texto relativo a Caná, con las interpolaciones propias de cada uno, puede apreciarse bien en la siguiente tabla sinóptica:

Les Chemins et les Pelerinages Texto A	*Les Pelegrinaiges por aler en Iherusalem*	*Les Chemins et les Pelerinages* Texto B
De Nazaret à Cana Gualiela a .iij. lieuas. A Cana Guali(l)ée ffurent faites les nosses *dou roy* Architiclin,	De Nazareth à Cane Galilée a .iij. lieues. A Cane Galilée furent faites les noces de Archedeclin,	De Tabarie iekes à Cana Galilée ad .v. liues ou furent le noces Architriclin,
et en celes nosses ffist de l'aigue vin. Encores par le luoq ont les nosses furent faites et le luoq ont les .*vij*. ydrias estoyent.	& à celes noces fist Dex de l'eve vin; encore i pert le lieu où les noces furent faites.	e le ewe fu turné en vin, e unkore apert le liu od furent misas les ydres.
De Cana Gualilée ad .j. trait d'arc iusques au Pois ont l'aigue ffu prisa.	De Cane Galilée à bien .j. trait d'arc iusques au puis où l'eve fu prise *qui fu portée as noces Archedeclin.*	
		E ilekes ausi par de suth est un liu ou l'om descent à croupetons en la roche ou Nostre Sire se mussa pur les Iuis.
Illueques pres est Monte Tabor. De Monte Thabor à Monte Hermon a una lieua.	De Nazareth à Monte Thabor a .iiij. lieues.	De Cana Galilée à Nazareth ad .iij. liues.

Les Sains Pelegrinages	*Pelrinages et Pardouns de Acre*
De Nazaret à Quane Galilée il i a .ij. lieus, & *ilueques fu né saint Iaque de Galilée* & à Quane Galilée furent faites les noces de Archedeclin.	E de Nazarez à Zaphory est .j. liwe. E de yleqe est .j. liwe à la Cane Galylée, là od Nostre Seignour fist vyn de eawe en la *mesoun* Architelin, *e ce fust un des primera myracles que Dieu apertement fist.*
En celes noces fist Nostre Segnor de l'aigue vin; & i pert encores la ou furent les noces faites de Archedeclin; & le leu i pert ou les .vj. ydres estoient.	
De Quane Galilée à bien .j. trait d'arc iusques au puis ou fu prisa l'aigue qui fu aportée as noces de Archedeclin, à Quane Galilée, *la quela aigue si com dit l'Evangile, Nostre Sires la mua en vin, quant il fu as noces aveuc sa benoite nére, dont Archedeclin fu mout esbahis, quant il but de cele aigue qui estolt muée en vin.*	E de yleque à la Eglise de Seint Soffroun sunt .ij. liwes.

Todos repiten el texto originario de que "permanece el lugar donde fueron hechas las bodas", sin hablar de ninguna iglesia, refiriéndose, por tanto, a la gruta ya conocida, de la que precisa el texto B que está en la parte sur y es necesario entrar agachado o en cuclillas, como, efectivamente, así sucede. Igualmente repiten tres de los cinco itinerarios que permanece "el lugar donde estaban colocadas las hidrias", posiblemente refiriéndose a los restos que todavía pueden verse en la gruta, particularmente la gran losa de piedra de 205x68 cm. que permanece semienterrada.

Entre los detalles personales del texto B de *Les Chemins*, figura una especie de explicación al hecho un tanto insólito de encontrarse una gruta como el presunto lugar donde se habrían celebrado las bodas, ciertamente poco oportuno. Este hecho, y la abundancia de grutas en los lugares evangélicos, moverá también a Burchardo de Monte Sión a encontrar una explicación. Para el autor del texto B la explicación es bastante simple: en la gruta "se refugió Cristo por temor a los judíos". Aceptamos esta traducción, aunque resulte insólita, porque la palabra *pur*, aunque es utilizada siempre (13 veces) significando *por*, se utiliza también una vez en este mismo sentido de temor por el itinerario *Pelrinages et Pardouns* y, curiosamente, para referirla a la Virgen que se oculta también en una gruta por temor a los judíos: *"est la cave là où Nostre Dame se mussa ou son fitz, pur doute des Gyws"[129]*. Por otro lado, aunque se tradujese como una preposición, su sentido sería el mismo, ya que ocultarse *por* alguien significa temor.

Por último, hay que advertir que la noticia transmitida por *Les Sains Pelegrinages* de que en Caná nació *saint Iaque de Galilée* es un simple error de repetición del amanuense, pues ya dice el itinerario unas pocas líneas antes, en el parágrafo anterior, que en *Safran* "est une eglyse de mon segneur Saint Iaque, ou il fu nés".

25. Godofredo de Beaulieu (1272-73)

El confesor dominico del rey San Luis IX de Francia, Godofredo de Beaulieu, escribió una vida del rey a petición del papa Gregorio X, que la muerte le impidió concluir. Al narrar la piadosa peregrinación que San Luis hizo, del 23 al 27 de marzo de 1254, para asistir a la fiesta de la Anunciación en Nazaret, trae a colación que, en la vigilia de la fiesta, visitó también Caná y el Monte Tabor, regresando el mismo día a Nazaret:

> "Nam in vigilia Annunciationis Dominicae ivit indutus ad carnem cilicio, de Sophera, ubi ea nocte iacuerat, in Cana Galilea inde in montem Thabor, inde eadem vigilia descendit in Nazareth"[130].

El recorrido no parece que sea un indicio de haber visitado Kafr Kanna, como se ha apuntado repetidas veces, sino cualquiera de los dos lugares, porque nada impide realizar a caballo este itinerario en un día, pues no se puede pensar que el rey lo hiciera a pie. Antes bien, tres indicios son más favorables a la identificación de Kh. Qana que

---

[129] DE SANDOLI, IV, 110.
[130] DE SANDOLI, IV, 104. - *Acta Sanctorum*, Augusti, t. V. Parisiis 1868, 550, col. 2.

de Kafr Kanna. El primero, que el rey, viniendo de Acre, pernoctó en Séforis y no en Nazaret, siendo así que esto no significa ningún ahorro de tiempo para la peregrinación del día siguiente, pues hay la misma distancia de Nazaret a Séforis que a Kafr Kanna, mientras que es necesario hacerlo así para ir al día siguiente a Kh. Qana, y con mayor razón si se pretende continuar al Tabor. Segundo, que dice Godofredo que el rey estaba muy cansado al llegar a Nazaret, lo cual se explica mejor con el itinerario largo de Kh. Qana (entre 45-50 km.) que con el más corto de Kafr Kanna (30-35 km). Y tercero, que, a lo que parece, el rey estaba bien habituado a hacer largas travesías, pues dice Jean de Joinville en su historia de S. Luis[131] (si hay que darle crédito) que el rey y su ejército fueron, viajando día y noche, desde Sidón hasta Belinas (Cesarea de Filipo) en un día completo, aún cuando más de 90 km. separan ambas localidades.

26. Burchardo de Monte Sion (1283)

Durante 10 años permaneció el dominico alemán Burchardus en el Monte Sión de Jerusalén. Fruto de sus viajes por toda Palestina es su *Descriptio* que, mucho más que un itinerario, es verdaderamente el primer tratado escrito sobre Tierra Santa y el más importante del período cruzado, al que seguirán después los de Ricoldo y Sanudo en la Edad Media.

Burchardo es un hombre de vasta erudición y gran rigor en cuanto escribe, lo que no impide que, naturalmente, incurra en errores, pero, en principio, puede aceptarse el conjunto de su obra como una fuente fiable. Incluso su métrica, que acompaña siempre a cualquier topónimo, resulta de gran fiabilidad. Sus leguas equivalen a la medida natural de una hora de camino, entre 3,5 y 5 km, siendo normalmente de 4,5 km, con errores en algunos casos, como es lógico, casi siempre cuando la distancia real supera las 5 leguas y el cálculo se hace más impreciso y difícil.

Poniendo por centro la ciudad de Acre, divide la Tierra Santa en cuatro partes, según los puntos cardinales. La segunda división del cuarto oriental comienza por Caná, de la que proporciona la mejor y más detallada descripción del período cruzado:

---

[131] DE SANDOLI, IV, 104. - *Acta Sanctorum*, Augusti, t. V. Parisiis 1868, 743, col. 1.

"In secunda diuisione quarte orientalis primo post Accon procedendo contra euroaustrum, ad quatuor leucas de Accon est Chana Galilee, ubi Dominus conuertit aquam in uinum. Et ostenditur ibidem hodie locus, ubi steterunt sex ydrie et triclinium, in quo erant mense.

Sunt tamen hec loca, sicut omnia alia fere, in quibus Dominus est aliquid operatus, sub terra, et descenditur ad ea in cryptam per plures gradus, sicut est locus annunciationis et natiuitatis et ista Chana Galilee et plura alia, que ostenduntur sub terra. Cuius rei aliam non inuenio rationem, nisi quod per frequentes destructiones ecclesiarum in quibus erant loca ipsa, ruine sunt super terram exaltate, et sic qualitercunque eis complanatis alia edificia desuper sunt constructa. Christiani uero deuotionem habentes uisitandi loca ista et uolentes ad uera loca, ubi res est gesta, peruenire, oportuit ut loca eruderarent ad gradus faciendos, ut sic ad ea peruenirent. Et ideo fere omnia loca ista quasi in cryptis uidentur esse, Chana Galilee ab aquilone montem habet altum et rotundum. Et est in decliui latere eius sita. Sub se uero contra austrum habet campum et planiciem ualde pulchram, quam Iosephus appellat Carmelion, usque in Sephoram, fertilem nimis et amenam ualde.

De Chana Galilee duabus leucis contra meridiem fere, in uia, que de Sephora Tiberiadem ducit, est uilla quedam, Ruma nomine, in qua Ionas propheta dicitur sepultus fuisse. Uilla ista est sub monte sita, qui de Nazareth ueniens includit predictam uallem Carmelion a parte australi.

De Ruma ad unam leucam et fere dimidiam contra orientem est uilla grandis quondam, ut uidetur, nomine Abelmeula (...).

De Tiberiade redeundo contra occidentem ad sex leucas, de Chana Galilee ad duas leucas contra austrum est Sephora"[132].

Es una descripción extraordinariamente precisa de Khirbet Qana: es el primer lugar que se describe viniendo de Acre, antes de Séforis, tiene al norte un monte alto (el *Yebel Qana* en la sierra del *Atsmon*), y está en una ladera, no en el lecho del valle. Al sur y por debajo se extiende una gran llanura, fértil y hermosa, que dice ser llamada *Carmelion* por Josefo (el Sahel el-Battof) la cual llega hasta

---

[132] DE SANDOLI, IV, 152-156. - C.M. LAURENT, *Peregrinatores medii aevi quattuor*. Lipsiae, 1864, 44. - BALDI, n° 255, pp. 209-210.

Séforis. Más adelante vuelve a precisar que Séforis, en la tribu de Aser, está a dos leguas al sur de Caná y seis a occidente de Tiberíades.

Todo lo que vio en Caná es una cripta (la gruta de Kh. Qana que describe Belardo, "el lugar de las bodas" de los itinerarios franceses, y los *vestigia* de Thetmarus), a la que se entra bajando varios escalones. En la actualidad se aprecian cuatro en la gruta de Kh. Qana, pero probablemente hay más bajo el nivel actual del suelo. Este hecho de encontrarse por toda Tierra Santa tan frecuentemente grutas en los lugares evangélicos la explica Burchardo por razón de las continuas destrucciones de las iglesias, que obliga a los cristianos a conservar en grutas la memoria evangélica del lugar.

Coincidiendo con los peregrinos anteriores a él, dice también que allí estuvieron las hidrias y el triclinio, pero no que las hubiera visto. El último peregrino que vió una sola hidria fue S. Willibaldo, en el año 725. Ningún otro peregrino después de Burchardo dirá tampoco haber visto una hidria, todo lo cual debería ser prueba suficiente para poner en evidencia las hidrias que se muestran en la iglesia ortodoxa de Kafr Kanna.

Burchardo tiene buen cuidado de mencionar junto al nombre bíblico el coetáneo, cuando no se conserva el primero, y lo hace así 32 veces en su *Descriptio*; sin embargo, no dice en ningún momento que *Chana hodie appellatur Kafr Kanna,* ni dice tampoco que otros la sitúen en distinto lugar, o que haya varios lugares con este nombre como, en cambio, lo dice de Siria y Rama.

Señala después un dato tan interesante como problemático: "como dos leguas al sur de Caná, en el camino de Séforis a Tiberíades está Ruma, donde se dice que está sepultado el profeta Jonás". El nombre de Ruma corresponde, evidentemente, a *Kh. Ruma* (MR 177243), inmediata a la actual Rumet, a medio camino entre Séforis y Kh. Qana, mencionada por Flavio Josefo, el Talmud, el abad Daniel, Saewulfo, la documentación del período cruzado y los itinerarios de peregrinación judíos. Pero ninguna fuente habla de la tumba de Jonás en este lugar. Contrariamente, el sepulcro de Jonás viene siempre situado en Kafr Kanna, lo mismo por la literatura judía que por la musulmana y algunos peregrinos cristianos posteriores a Burchardo.

La primera fuente histórica que habla de Kafr Kanna, la de Khosrau (1047), lo hace por razón de localizar la tumba de Jonás. Igualmente, El-Herewy (1175), Yaqût (1225) e Izziddîn (1300), citados más arriba[133], hablan de Kafr Kanna por ser lugar de veneración musulmana del sepulcro del Profeta. Pero la tradición del cenotafio de Jonás en Kafr Kanna no tiene un origen musulmán, sino judío. No sabemos en qué momento se apoderaron aquéllos del santuario, pero bien pudo ser tras la primera invasión árabe, pues la apropiación musulmana de lugares santos judíos y cristianos ha sido una práctica común en Palestina, como sucedió en el Cenáculo o el Edículo de la Ascensión.

La tradición judía escrita se remonta a 1333, en que el peregrino judeo-aragonés Isaac Khelo escribe:

"De Sepphoris on va à Gathahepher, aujourd'hui Meschhad. C'est la patrie du prophète Jonas, fils d'Amithaï (...), c'est un endroit peu considérable, habité seulement par quelques musulmans pauvres. De là on vient à Kefar Kenna, village qui renferme le tombeau du prophète Jonas, fils d'Amithaï. Les arabes ont fait construire une belle mosquée sur le sépulcre de cet homme de Dieu. Jonas est l'un des sept prophètes enselevis en Palestine dont les tombeaux soient connus (...). De Kefar Kenna on se rend à Kefar Sekhnin..."[134].

Justamente dos siglos después, en 1537, aún se publica en "Los Sepulcros de los Padres" *(Yichus ha-Abot)* la misma información:

"Kefar Khena. Lè est enterrè Jonas, fils d'Amithaï, sur le sommet du mont, dans un temple des nations[135], sous une belle voûte"[136].

La obra posterior "Los Sepulcros de los Justos" *(Yichus ha-Zadikim)* (1561) repite casi las mismas palabras del anterior:

"Kefar Khena posséde le sépulcre de Jonas, fils d'Amithaï, sur la hauteur de la montagne. Deux voûtes se trouvent construites sur ce tombeau"[137].

En la tradición cristiana también se harán eco del "santuario" de Jonás en Kafr Kanna Fr. Johannes de Perusio (1320), Bonifacio de Ragusa (1560), Henri de Castela (1600), Yves de Lille (1625) y Fr. Eugène Roger (1631). Es cierto que Perusio recoge la noticia de que

---

[133] Vid. supra, parágrafo 16, *Qana y Kafr Kanna en el Período Cruzado.*

[134] E. CARMOLY, *Itinéraires de la Terre Sainte.* Bruxelles 1847, 256-257.

[135] Esta extraña expresión del traductor Carmoly parece esconder la frase "en un templo de gentiles", es decir, de los musulmanes que lo poseían, cuando menos, desde el siglo XI, según el testimonio de Khosrau.

[136] CARMOLY, 455.

[137] CARMOLY, 384.

"otros dicen que fue sepultado en Ruma", pero todo indica que este "otro" es Marino Sanudo (1310), el cual repite la noticia de Burchardo. La tradición secular, desde el siglo XI al XVII, sitúa la tumba del profeta en Kafr Kanna.

Nada impide, ciertamente, que una tradición temporal situara en Ruma el cenotafio de Jonás, pero la ubicación y descripción que hace Burchardo de Ruma señala mejor Kafr Kanna que la propia Ruma.

Las 2 leguas de distancia son excesivas para indicar el recto camino de 4 km. que separa Kh. Qana de Ruma, mientras que encajan exactamente en los 10 km que hay hasta Kafr Kanna. Nótese que Burchardo señala 2 leguas de distancia de Caná a Séforis, por lo tanto Ruma, que está en la mitad del camino, debería venir situada a una legua. Tampoco la descripción que hace Burchardo de Ruma se corresponde con la localidad de este nombre, sino con Kafr Kanna: "al pie de un monte, por donde se entra en el valle Carmelion, por su parte sur, viniendo desde Nazaret". Ruma no está al pie de un monte y Kafr Kanna sí. La otra vía para entrar en el-Battof, desde Nazaret, pasa por Séforis, por lo tanto no puede estar describiendo Ruma. La situación en el camino de Séforis a Tiberíades podría decirse de ambas, aunque con más propiedad de Kafr Kanna, y la distancia que señala continuando el camino desde esta presunta Ruma hasta Tiberíades, 4,5 leguas (1,5+1+2), se corresponde también exactamente con la que hay desde Kafr Kanna. En cambio, para el trayecto Séforis-Tiberíades, que es el mismo que Ruma-Tiberíades, señala 6 leguas, y no 4,5, de donde se deduce, al mismo tiempo, que la Ruma de Burchardo tenía que estar a 1,5 leguas a oriente de Séforis (o 1 legua, porque las 4,5 hasta Tiberíades dice que son "abundantes") coincidiendo esta ubicación también con Kafr Kanna, confirmando así la sorprendente exactitud de sus mediciones y nuestra interpretación.

Todo indica, pues, que se trata de una confusión de Burchardo, dando a Kafr Kanna el nombre de la vecina Ruma, pero describiendo realmente aquélla población, donde se veneraba la tumba del profeta Jonás, lo cual le convierte, de ser cierta esta interpretación, en el primer peregrino cristiano que da testimonio al mismo tiempo de las dos tradiciones: la de Caná en Kh. Qana y la del sepulcro de Jonás en Kfar Kanna, que es la única tradición bíblica que, hasta el momento, viene acreditada de forma constante en esta localidad.

27. Anónimo atribuído a Felipe Busserio (1285-1291)

Antes de concluirse definitivamente el perído cruzado escribió el franciscano Philippus de Busseriis un itinerario u obra sobre Tierra Santa titulada *Speculum Terrae Sanctae*, que ha desaparecido. Röhricht lo identifica con este itinerario que se cita a continuación, por el hecho de que algunos manuscritos terminan con la firma *"ego Philippus"*, pero como no la traen todos, ni se deduce del texto que se trate de un religioso ni de un franciscano, Golubovich lo atribuye a un desconocido Felipe.

Nada dice de singular de Caná, cuya descripción es algo imprecisa:

"Prope Nazareth per quatuor miliaria est Sephoris Ciuitas ex qua orta est sancta Anna mater virginis Marie. A Sephori per leucam et dimidiam est Chana Galilee vbi dominus noster aquam in vinum conuertit. De qua fuit Simon Chananeus et Nathanael.

Via uero que ducit de accon nazareth est summum Castrum ex quo nati dicuntur Iacobus et Iohannes filii Zebedei"[138].

Una legua y media desde Séforis puede corresponder a Kh. Qana por defecto y a Kafr Kanna por exceso, pero dado que el orden de la descripción es Séforis–Caná–Shfar'am, esto indica que describe Kh. Qana y no Kafr Kanna. El nombre de Shfar'am no viene precisado, pero es indudable que se trata de esta localidad, situada en el camino de Acre a Nazaret, en lo alto, y donde se conmemora la patria de los zebedeos, como bien dice Busserio.

28. Ricoldo de Monte Crucis (1288-1291)

El dominico italiano Ricoldo de Monte Crucis escribió un interesantísimo *Liber Peregrinationis* relatando, más que una peregrinación, su prolija actividad misionera por todo el oriente, de Palestina a Turquía y de Tartaria a Persia. La primera de las cuatro partes en que divide su libro está dedicada a Tierra Santa. Tal vez lo más valioso de su itinerario es la precisa información de la situación de los santuarios y la población cristiana en los años inmediatos a la caída del reino de Acre y el fin del período cruzado. Sólo su

---

[138] DE SANDOLI, IV, 222. - W. NEUMANN, "Philippo Descriptio Terrae Sanctae", en *OVKT* (1872).

obstinación le permitió finalmente visitar Jerusalén y el Santo Sepulcro, pero el grueso de su itinerario lo conforma la descripción de Galilea. Precisamente Caná es el primer lugar descrito por Ricoldo en su *Liber:*

> "Veni igitur in Accon (...) Et primo peruenimus ad Chanam Galilee, vbi Christus fecit inicium signorum, aquam conuertendo in vinum. Est autem Chana Galilee quarto vel quinto miliario a Nazareth. Ibi extra casale inuenimus puteum, vnde ministri hauserunt aquam implentes ydrias. Ibi inuenimus locum nupciarum et loca et formulas ydriarum. Ibi cantauimus et predicauimus euangelium nupciarum. Ibi rogaui Christum, quod sicut aquam in vinum conuerterat aquam mee insipiditatis et indevocionis conuerteret in vinum compunctionis spiritualis saporis.
>
> Inde recto cursu venimus casale, quindecim miliaria a Genesareth, quod est super mare Galilee. Ibi in descensu montis super mare cantauimus euangelium de illis duobus demoniacis"[139].

Aunque la distancia de 4 ó 5 millas de Nazaret se corresponde con Kafr Kanna no es posible que describa este lugar como el primero que se visita viniendo de Acre, lo cual sólo puede decirse de Kh. Qana. Así lo había hecho también Burchardo: *"primo post Accon est Chana Galilee".*

El recorrido de Ricoldo no es el habitual de los demás peregrinos, pues opta por la vía directa de Magdala: Acre–Caná–Monte Arbel?–Lago–*Betsaida*–Cafarnaúm–*Pozo de José*-Mensa Christi–Magdala?–Tiberíades–Tabor–Naím–Nazaret-Shfar'am–Acre.

Ricoldo optó por ir directamente de Caná al norte del Lago, continuando por el-Battof y pasando por Eilabun o Ammudim a la pequeña llanura de Genesaret, Magadán o Dalmanuta. Su recorrido y descripción son muy ordenados, si se advierte que no siempre debe tomarse al pie de la letra su toponimia bíblica, particularmente el lugar que él llama Betsaida, cuya localización, desde el tiempo de su destrucción en la primera revuelta judía (66-70 d.C.), no pudo ser fijada hasta hace pocos años, y era ignorada incluso por Eusebio y San Jerónimo. Se deduce que el lugar que Ricoldo llama Betsaida es Magdala (Kh. Mijdal/Mejdel, MR 198247), Kinneret (Tell

---

[139] DE SANDOLI, IV, 260. - C.M. LAURENT, *Peregrinatores,* 105. - BALDI, n° 256, p. 210.

Oreime/Kh. 'Ureime, MR 200252) o cualquiera de la pequeñas poblaciones de la llanura.

La localidad que está sobre el Mar de Galilea, junto a un monte en cuya cumbre conmemoró Ricoldo el episodio del endemoniado de Gerasa es, con toda probabilidad, Arbel (Kh. 'Irbid, MR 195246), que no está a 15 millas de Genesaret, sino de Caná, según la interpretación que nos parece correcta de la frase de Ricoldo *"Inde recto cursu venimus casale, quindecim miliaria a Genesareth, quod est super mare Galilee"*. Tal como está escrita es incoherente, porque si el lugar está a 15 millas de Genesaret no puede estar sobre el mar de Galilea, y si está a 15 millas de Genesaret en el camino de Caná al Lago aún no habrían salido del Sahel el-Battof. Se trata, claramente, de una simple incorrección gramatical más de Ricoldo, pero basta con trastocar ligeramente el orden de las palabras para darle sentido lógico: *recto curso quindecim miliaria venimus casale (a) Genesareth, quod est super mare Galilee*. El único monte del que después se desciende a la llanura noroccidental del lago es el Arbel, que está precisamente a 18 km. de Kh. Qana. El monte sobre el lago, sus abundantes cavernas, que también se usaban como sepulcros, y la isofonía entre *Gennesar* y *gerasenorum* explica fácilmente esta localización medieval de la región de los gerasenos en el monte Arbel.

Por lo demás, toda la métrica de los dos primeros capítulos de Ricoldo, que describen el recorrido Acre-Lago-Naím-Acre, es bastante acertada.

En su descripción de Caná vuelve Ricoldo a hablar del lugar de las bodas, donde había unas tinajas puramente conmemorativas (*formulas hydriarum*). Es posible que el vaso rocoso que describimos *infra*[140] fuera una de ellas. Continuando con la tradición del lugar de donde se tomó el agua para el milagro, dice Ricoldo que era un pozo (*puteum*), coincidiendo con los itinerarios franceses, en lugar de la cisterna de Thetmarus, aunque la confusión entre ambos es bien fácil. Lo novedoso de su información es que no viene situado "a un tiro de arco" del "lugar de las bodas", sino *extra casale*. No sorprende tampoco que, en una población que dispone de más de 40 pozos y cisternas, y habitada por musulmanes, varios pozos se presenten como "el del milagro", más aún si hay por el medio un interés pecuniario, como consta expresamente por el testimonio de Poggibonsi (1347) y puede desprenderse del de Thetmarus (1217). Por su expresión *extra*

---

[140] Parág. 56, *"Los restos arqueológicos de Kh. Qana"*.

casale bien pudiera referirse al pozo situado en la misma intersección del camino de Jotapata-Kaukab con el de Kafr Manda-Eilabun, en la margen opuesta a la de Kh. Rigma (MR 178247), 600 m. antes de la gruta de Kh. Qana, ya que el pozo es lo primero que describe Ricoldo al llegar a Caná, o al grupo de dos cisternas muy próximas entre sí, en una plataforma rocosa llana, a la mitad del recorrido entre la base de la colina y la gruta, que lleva la rotulación moderna de catalogación "24", seguido de un triángulo.

Finalmente, no está de más advertir de la traducción errónea que frecuentemente se da al último párrafo del capítulo segundo: *"De Nazareth venimus in Castrum Zafetanum, decem miliairia. Ibi natus est Iohannes euangelista et Iacobus, filii Zebedei. Ibi habitant Christiani"[141]*, identificando *Castro Zafetanum* con Jafa o Yafa de Nazaret, a 2 km. de esta ciudad.

Ni por el texto ni por el contexto se puede entender que Castro Zafetanum se corresponda con Jafa, pues se trata de una latinización del *castrum* (Busserio) llamado por los peregrinos anteriores *Soffroun, Saphranum, Sufran* y *Ssafran*, correspondiente a la actual Shfar'am, donde invariablemente se sitúa la patria de Santiago y Juan durante la Edad Media, que está a 16 km. de Nazaret en la carretera de Acre, tal y como dice Ricoldo. Jafa, por el contrario, no está a diez millas de Nazaret, sino a una, tampoco está en el camino medieval de Acre, ni ninguna fuente coloca aquí la tradición de los zebedeos antes de Adrichomius, quien confundió *Saffra* con Yafa[142], dando así origen a la errónea tradición actual.

29. Conclusiones Parciales del Período Cruzado

Ricoldo de Monte Crucis es el último peregrino que escribe un itinerario antes de la caída final del reino de Acre. De este período de 2 siglos hemos recopilado 9 itinerarios y 3 familias de descripciones, que suman 23 manuscritos. De ellos, y de la documentación de la Orden de los Hospitalarios de S. Juan, se desprenden estas conclusiones:

1) Kafr Kanna y Caná de Galilea son dos poblaciones distintas, entre las que no hay confusión.

---

[141] DE SANDOLI, IV, 262-263.
[142] BAGATTI, *Antichi Villaggi Cristiani di Galilea*. Gerusalemme 1971, 98-99. - Cf. ADRICHOMIUS, 142.

2) Los cruzados continuaron con la tradición anterior que sitúa Caná en el valle del Battof.

3) Además del testimonio del musulmán Khosrau, anterior a los cruzados, otros 3 musulmanes de este período, 3 judíos y 1 cristiano sitúan en Kafr Kanna la única tradición bíblica de la tumba de Jonás.

4) Los peregrinos que identifican con certeza Caná con Kh. Qana, incluidas las familias de manuscritos, son 10. Los itinerarios que describen Kh. Qana con mayor probabilidad son 4: Thetmarus y los tres de la familia "De Locis Sanctis". Y los itinerarios que describen con sola probabilidad Kh. Qana, y por tanto podrían aplicarse igualmente a Kafr Kanna, son 3: el del monje Phocas, el atribuido a Busserio y la Vida de S. Luis, de Beaulieu.

5) No hay ningún testimonio que identifique Caná con Kafr Kanna con certeza ni con alta probabilidad.

6) No hay ningún testimonio que resulte incompatible con Kh. Qana.

7) Al relacionar entre sí todos los itinerarios, con los distintos datos que aportan, se deduce que el 100% describe Kh. Qana.

8) No hay ningún testimonio ni indicio que manifieste duda sobre la localización de Caná o una doble tradición en lugares distintos.

9) Las conclusiones del período cruzado concuerdan con las del período anterior.

IV. El segundo período árabe o mameluco (1291-1517)

30. Marino Sanudo (1310)

Entre 1318 y 1321 terminó el viajero y geógrafo veneciano Marinus Sanutus, también llamado Torsellus y El Viejo, la redacción de su monumental tratado sobre Tierra Santa titulado *"Liber Secretorum Fidelium Crucis super Terrae Sanctae recuperatione et conservatione"*. Ninguna originalidad aporta a la cuestión de Caná, pues se limita a reproducir el texto de Burchardo, que es su principal fuente de información:

"De Sephoro ad duas leucas & dimidiam, est *Chana Galileae,* de qua fuerunt Symon Chananeus & Nathanael: ibi ostenditur locus ubi steterunt sex hydriae, in quibus convertit Christus aquam in vinum, & triclinium in quo erant mensae. Sunt autem loca haec, sicut & alia in quibus aliquid Christus oderatus [sic] est sub terra & descendunt ad ea per plures gradus in criptam: sicut et locus Annuntiationis & Nativitatis, & plura alia: cuius ratio videtur esse, quia propter frequentes Ecclesiarum destructiones ruinae super terram exaltatae sunt; eisque complanatis alia aedificia sunt constructa: & ideo fideles ut priora loca possent aedificare fecerunt, gradus, & quasi in criptis ea visitant. Adiacet autem civitati ab Aquilone, mons altus et rotundus, in cuius declivi latere sita est: sub se vero contra Austrum, habet planitiem pulchram, usque in Sephorum, fertilem et amoenam. Localis tamen ordo esset ire de Ptolomayda, per quinque leucas, versus oriens ad Chana Galileae, & inde versus Meridiem per Sephorum in Nazareth"[143].

El párrafo reproduce casi literalmente a Burchardo, con el buen cuidado de poner en forma impersonal *("cuius ratio videtur esse")* la explicación que aquél hace sobre la abundancia de grutas, escrita en primera persona *(cuius rei aliam non invenio rationem).*

Modifica muy ligeramente la métrica de Burchardo, señalando 5 leguas de Acre a Caná, en lugar de 4, y 2,5 hasta Séforis en lugar de 2.

También repite de Burchardo: *"Ruma: ubi Ionas sepultus est",* pero con el añadido *"inde translatus in Ravenam".* Para confirmar que esta presunta Ruma es en realidad Kafr Kanna, como hemos propuesto más arriba, se puede cotejar el famoso mapa de Sanudo, que tiene por base el anterior conocido como Mapa Florentino, de finales del s. XIII.

En el mapa de Sanudo[144] viene Caná de Galilea en el *spatio* XXII del *quadro* XXII, bien situada al pie de la sierra del Atsmon, en

---

[143] MARINUS SANUTUS, *Liber Secretorum Fidelium Crucis.* Hanoviae 1611, III, 14, cap. 7, p. 253. Edición anastática: Jerusalem 1972. - BALDI, n° 257, p. 210.

[144] Vid. las dos ediciones de la nota anterior, y también: RÖHRICHT, "Marino Sanudo sen. Als Kartograph Palästinas" en *ZDVP* 21 (1898) 84-126 y *Tafel* 2.

el valle del Battof, al norte de Sèforis, como ya había hecho el mapa florentino, y en el *spatio* XIX, *quadro* XXVI se indica: *Ruma sep Ione*, en el lugar que corresponde a Kafr Kanna, sin posibilidad de confusión con la verdadera Ruma. Aquí es donde hay una diferencia significativa con el mapa florentino: que éste no trae en Kafr Kanna el nombre de Ruma, sino simplemente *Sepulcrum Ione prophete*[145], confirmando este dato dos cosas: nuestra interpretación del error de Burchardo y que Sanudo simplemente se limita a repetir el párrafo del dominico.

31. Giovanni Fedanzola da Perugia (c. 1320)

Sobre la base del tratado de Sanudo y de su propia experiencia personal, elaboró el agustino Fr. Johannes de Perusio un valioso *Opusculum Descriptionis Terrae Sanctae*[146], muy poco tiempo después de Sanudo. La referencia frecuente a la autoridad de los expertos hebreos que le acompañan en su viaje hace que su itinerario tenga un valor añadido especial.

Aporta una descripción de Caná y otra, muy valiosa, de Kafr Kanna, siendo así el segundo peregrino cristiano que testimonia las dos tradiciones:

> "In 22 quadro est Chana Galilee, de qua beatus Ieronimus in libro de distantia locorum sic ait: *Fuit autem Chana in tribu Asser ubi Dominus noster atque salvator aquas in vinum convertit, unde et Nathanael vere Isarelita Salvatoris testimonio comprobatur.* Hec Ieronimus. De hac etiam fuit Symon Chananeus, sic dictus ab ea. Est autem situata in declivi latere alti montis et rotundi, qui sibi imminet ex parte aquilonari; sub se vero contra austrum habet planitiem pulcram usque in Sephorum, fertilem et amenam. Ostenditur autem ibi locus nuptiarum ad quas Christus fuit invitatus, in subterranca cripta ubi apparent loca VI ydriarum et triclinium mensarum, ubi ego fui. Sunt vero loca hec, sicud et alia multa in quibus Christus

---

[145] R. RÖHRICHT, "Karten und Pläne sur Pälastinakunde aus dem 7. bis 16. Jahrhundert." *Tafel* I, en *ZDPV* 14 (1891) 8-11.

[146] En el momento de redactar estas páginas permanece aún sin publicar la *Descriptio* de Fedanzola. Agradezco, pues, al P. Eugenio Alliata, ofm, del Studium Biblicum Franciscanum de Jerusalem, que trabaja en su edición comentada, su gentileza al trasladármelo y, al mismo tiempo, todas las valiosísimas observaciones que ha hecho a nuestro estudio, sin las cuales, indudablemente, sería mucho más imperfecto este trabajo.

aliquid notabile operatus fuit, sub terra et descenditur per plures gradus in criptam, sicut est locus annuntiationis, nativitatis, nuptiarum predictarum, etc. Cuius ratio esse videtur quia per frequentes ecclesiarum destructiones ruine super terram exaltate sunt, eisque complanatis alia hedificia sunt constructa; et ideo fideles, ut prima loca possent visitare, fecerunt gradus et quasi in criptis ea visitant. Est autem a dicta Chana usque predictum Sephorum spatium 3 miliariorum"[147].

La única novedad al texto de Burchardo, reelaborado por Sanudo, es el testimonio personal *ubi ego fuit* y el añadido del *Onomasticon* de Eusebio, curiosamente sin la *addenda* de San Jerónimo.

Más interesante resulta su descripción de Kafr Kanna:

"In 19 spatio et quadro 26 est quedam terra vel villa que arabice dicitur Capharcane, a Latinis Capharnaum; nom tamen est illa Capharnaum que est iuxta Mare Galilee, quam frequentabat Christus, sed alia. Hebraice vero dicitur Gatahefre et ibi est sepultura Ione, ut aiunt Hebrei, et inde dicitur oriundus. Alii dicunt quod fuit sepultus in quadam villa prope predictam que vocatur Ruma, quam ego vidi, et inde fuit translatus Ravennam"[148].

El testimonio de Fedanzola es claro: el sepulcro de Jonás está en *Capharcane*, que es el bíblico *Gatahefre*, según sus compañeros judíos. La noticia de que "otros dicen que fue enterrado en Ruma y trasladado a Rávena" se refiere, evidentemente, a Sanudo, y lo que él personalmente vio en Ruma fue el propio pueblo, no el cenotafio, que dice estar en Kafr Kanna.

32. Jacopo da Verona (1335)

Dos breves noticias sobre Caná aporta el *Liber Peregrinationis* del agustino Fr. Jacobus de Verona, del que consta que, a finales de 1335, había celebrado la Misa en el Cenáculo del Monte Sión:

"A Sephor per unam leucam dimidiam. est Chana Galilee. ubi Christus mutavit aquam in vinum ad nuptias. Item. ante civitatem. inmensus est locus. ubi Christus predicavit et mulier dixit ad Jhesum: *Beatus venter qui te portavit.* (...)

---

[147] JOHANNES FEDANZOLA DE PERUSIO, *Descriptio Terrae Sanctae,* 23,2.
[148] FEDANZOLA, 20,1.

De Sephoro. castro Joachim. ad viij miliaria. est Chana Galilee. ubi Christus aquam in vinum mutavit. et demonstratur adhuc locus. ubi ydrie steterunt. que fuerunt vj. et triclinium seu locus. ubi erant mense: et est ibi ecclesia. ad quam descenditur per plures gradus. que tamen est dirupta. et fuit atiquitus a Cristianis pulcherrime edificata: distat autem ab Acry per xv miliaria"[149].

El agustino veronés, como Fedanzola de Perusio, incurre en el frecuente error de no distinguir entre millas y leguas, que unas veces son equivalentes y otras no. Como quiera fuese, no hace falta acudir al criterio de la métrica, dado que el texto identifica claramente el mismo Kh. Qana de sus predecesores, aunque llame *ecclesia* a la gruta, queriendo decir, tal vez, que era un lugar de culto. No está claro si su expresión *"que tamen est dirupta"* se refiere a la presunta iglesia *pulcherrima* que él cree existió en la antigüedad, o a que la cripta de Kh. Qana estaba en completo abandono.

En nuestra opinión Jacopo da Verona inaugura una época, en la literatura de peregrinos, caracterizada por un exceso en la imaginación piadosa, que hace localizar hasta el más indefinido pasaje evangélico, y del que sacan partido los guías de viaje, abusando de la credulidad de los peregrinos. Esta época es la de los años previos a la difusión de la *devotio moderna*, con su mística de la vida concreta y la meditación en la humanidad de Cristo. Tal vez esto explica la ingenuidad de aceptar que en el gran valle del Battof tuvo lugar el episodio de Lc 11,27, aunque la misma credulidad se puede apreciar en itinerarios anteriores, si bien más aisladamente y con menos frecuencia que en este siglo XIV.

33. Niccolò da Poggibonsi (1347)

El franciscano Fr. Niccoló da Poggibonsi viajó durante cuatro años, entre 1346 y 1350, por Palestina, Siria y Egipto. Fruto de esta larga peregrinación es su famoso *Libro d'Oltramare*, escrito en italiano, que alcanzó 62 ediciones impresas en tres siglos, muchas de ellas pseudónimas, pues fueron publicadas bajo el nombre de un

---

[149] V. CASTAGNA (ed.), *Pellegrinaggio ai Luoghi Santi. Liber Peregrinationis di Jacopo da Verona*. Verona, 1990, 7,122-123. - U. MONNERET DE VILLARD (ed.), *Liber Peregrinationis di Jacopo da Verona*. Roma 1950, 122-123. - RÖHRICHT, "Le pèlerinage du moine augustinien Jacques de Vérone (1335)", en *Revue de l'Orient Latin*, III, 2°. Jerusalem, 1895.

inexistente *Fra Noè dell'Ordine di S. Francesco*, y otras en forma puramente anónima.

Su capítulo 130, *"Di Cana Galilee, dove Cristo fece dell'acqua vino"*, trae una breve descripción de Caná, no exenta de problemas en su interpretación:

> "[c. 129] E di quello luogo [Sophori] sì te ne vai in Cana Galilee, ch'è di lungi tre miglia. [c. 130] Lo castello di Cana Galilee non è grande, e ivi si paga uno dremo per testa; e dentro si è una chiesa, dove Cristo fu alle nozze di santo Giovanni Evangelista. E ivi Cristo fece dell'acqua vino. Di fuori del castello si è un altro piccolo castelluccio, insu uno sasso, que si chiama Architriclino, donde era il signore, que fu alle nozze dette. Fra Cana Galilee, e lo detto castelluccio, si è una bella fontana, e indi fu levata l'acqua, della quale furono empiute l'idrie, delle quali Cristo fece vino. Ecci indulgenzia, non so quanto"[150].

Sin manifestar sorpresa, habla de las bodas de S. Juan evangelista en Caná, idea extendida en ciertos círculos de entonces[151]. Poggibonsi es el primer testimonio expreso del pago que se debía hacer por visitar Caná, como en otros lugares, que él detalla constantemente. Ya parecía deducirse esto de la expresión ingenua del "agua con sabor a vino", que decía el sarraceno al maestro Thetmaro 130 años antes.

La métrica de Poggibonsi es irregular, pues confunde millas con leguas, aunque no siempre. Así, dice que *"di Naim a monte Tabor sì sono due miglia"*, cuando está a 9 km, y de allí a Nazaret *"presso uno miglio e mezzo"*. En cambio coincide con la milla en otras ocasiones: *"da Nazzaret, andando per tre miglia, sì truovi la città di Sophori"*, o *"da Cafarnau, e andando per ispazio di due miglia, sì truovi un monte, dove Cristo fece'l sermone"*. Las tres millas que señala de Séforis a Caná coinciden prácticamente con la distancia de Kafr Kanna, pero también podrían entenderse como tres leguas a Kh. Qana. No está claro, por tanto, este criterio.

---

[150] FRA NICCOLÒ DA POGGIBONSI, *Libro d'Oltramare (1346-1350)*. Gerusalemme 1945, 76. - Edición de A. BACCHI DELLA LEGA, Bologna 1881, Vol. I, 276-279. - BALDI,, n° 258, pp. 210-211.

[151] Cf. GOLUBOVICH, *Biblioteca Bio-Bibliografica della Terra Santa e dell'Oriente Francescano. Annali. Tomo* V *(1346-1400)*. Quaracchi 1927, 36-37.

El *"piccolo castelluccio, insu in uno sasso, che si chiama Architriclino"* podría referirse bien a Kh. Rigma (MR 178247), situada 200 m. al sur de la intersección del camino de Jotapata-Kaukab con el de Kafr Manda-Eilabun, en la base de la colina de Kh. Qana, pues de estas pequeñas ruinas, hoy día desfiguradas por razón de haber sido allanado el terreno circundante y convertidas en una acumulación de material rocoso, se sabe ciertamente que cubría un área de 10 *dunams*, en el centro del cual había una estructura mameluca, encontrándose cerámicas pertenecientes a los períodos del bronce antiguo al bizantino[152]. Pienso que a estas ruinas se refiere Guérin al describir las cámaras funerarias y otros restos de la base de Kh. Qana[153], que no hemos podido localizar.

En cambio, la mención de una fontana no puede decirse en modo alguno de Kh. Qana ni de su entorno, ya que no hay fuentes, mientras que podría adaptarse bien a la fuente de Kafr Kanna, que está a medio camino entre la iglesia y Meschad. Ahora bien, sucede que ninguna otra edición trae la expresión *bella fontana*, pues la edición anónima de 1518 (impresa en Venecia), y todas las pseudónimas de Fra Noè consultadas, las de 1680, 1740, 1742 y 1791 (impresas en Bassano), dicen así:

"E di poi ti parti da questo paese [Sophori], e vai in Cana Galilea, dove il nostro Signore (...)[154] Et passa quello castello gie uno altro castello piccholo posto in su uno sasso. Il quale si chiama Archieralmo dove il nostro Signore era alla festa delle decte nocce. En el mezo delle dicte castelle glie vno *pozzo* del quale sene tolse de lacqua dellaquale acqua el nostro Signore ne fece vino & c."[155].

Esta descripción se corresponde bien con la de Ricoldo: *"extra casale inuenimus puteum, vnde ministri hauserunt aquam implentes ydrias"*, que hemos interpretado en su lugar como probable descripción de Kh. Qana.

Otros dos datos han dado pie a interpretar el pasaje de Poggibonsi como descriptivo de Kafr Kanna, además de la

---

[152] Zvi Gal, *Lower Galilee during the Iron Age*. Winona Lake, Indiana, 1992, 27.
[153] Guérin, *Galilée*, I, 474.
[154] Obsérvese que no dice la distancia que hay entre Séforis y Caná.
[155] *Viaggio da Venetia al Sancto Sepulchro et al monte Sinai*. Venetia, 1518, sin paginación, al comienzo del cuaderno "S ii". La última edición es la de Bassano, 1791, 76.

mencionada fontana: la iglesia y el capítulo siguiente, que comienza diciendo:

> "Del sopra detto luogo si ne vai alla città di Cafarnau, che sono sei miglia, e la via e quasi piana. Essendovi appresso a un mezzo miglio, sì truovi un campo, a parte sinistra; e ivi Cristo diede per esempio, come si legge nello Evangelio, di colui che seminava la buona sementa nel campo suo, che poi ci nacque la zizania. E inde sì te ne vai in Cafarnau"[156].

Este campo donde sitúa la narración de la parábola de la cizaña (Mt 13,24), viene interpretado como el entorno de Turan, por razón de la media milla que dice haber desde Caná (entendiendo Kafr Kanna), pues, según hemos dicho, se podría interpretar como media legua.

A nuestro entender, este párrafo carece de sentido lógico en el manuscrito del que fue tomado. Por el contrario, si se toma el manuscrito P, conservado en el convento franciscano de San Salvador de Jerusalén, que es copia del códice G, conservado en Perugia, se encontrará la explicación razonable a este capítulo 131, pues aquel manuscrito aporta esta variante: *Essendo presso alla città di Cafarnau a sei miglia truovi un campo...*[157]. Ya no dice, por tanto, que Cafarnaúm esté a 6 millas de Caná, sino que el campo está a seis millas de Cafarnaúm, iniciando un nuevo capítulo directamente en el entorno del lago, y las seis millas, con las dudas que siempre hay en su métrica, corresponden bien a la llanura de Genesaret, que está a 6-8 km. de Cafarnaúm, por eso dice a continuación que *"inde sì te ne vai in Cafarnau"*. En la redacción de este códice sí hay un sentido lógico, y ya no se deduce que Turan pueda ser el campo descrito, porque no hay un desarrollo de la redacción que se corresponda con la salida inmediata de Caná, sino un nuevo capítulo que describe el siguiente lugar a visitar.

El salto de Caná a Cafarnaúm, omitiendo Tiberíades, podría ser indicio de haber utilizado la vía de Kh. Qana-Eilabun-Magdala, como ya había hecho Burchardo, que es el único itinerario con el que coincide en la descripción de un pozo *extra casale,* y, de hecho, Tiberíades viene descrito después de Cafarnaúm y el lugar de la multiplicación de los panes, con lo que parece claro que utilizó aquella vía, excluyendo así forzosamente la posibilidad de Kafr Kanna. En cualquier caso, lo que prueba el manuscrito P es que el inicio del

---

[156] POGGIBONSI, ed. cit. Gerusalemme 1945, 76.
[157] Idem, nota 4.

capítulo 131, continuación del de Caná, no es demostrativo de que este lugar sea Kafr Kanna sino, más bien, lo contrario.

La *chiesa* de Poggibonsi es interpretada como una descripción del "santuario" de Kafr Kanna, en aquella misma hipótesis, pero esta interpretación no puede sostenerse por tres razones:

Primera, porque no hay ninguna iglesia en Kafr Kanna, y no es razonable interpretar una sola fuente dudosa en abierta contradicción con todos los testimonios unánimes anteriores y posteriores al mismo.

Segunda, porque Poggibonsi siempre deja constancia de las iglesias que están en manos de musulmanes, como sucedía en Kafr Kanna con la tumba de Jonás, según la hipótesis de la presunta iglesia de Santa Elena; y así dice, p.ej.: *"alla chiesa donde Cristo andò in celo... e ora ci stanno i saracini"; "la chiesa* (de Sta. Ana) *si è bella, però ch'è' Saracini l'ànno disputata per loro moscheda"; "quella parte sinistra della casa di Caifas si trovi una chiesa: ma i saracini la tengono per loro moscheda"; "dentro alla città* (Hebrón) *si è una bella chiesa, que tengono i Saracini"; "è una chiesa* (en Sebaste), *ma i Saracini l'anno fatta moscheda"[158];* y sin embargo no dice lo mismo de la iglesia de Caná.

Y tercera, porque también llama *chiesa,* en el manuscrito P, a la casa del centurión en Cafarnaúm. Por tanto, con mayor razón podrá llamar *chiesa* a la gruta venerada de Kh. Qana, como expresamente había hecho Jacopo da Verona: *"est ibi ecclesia, ad quam descenditur per plures gradus".* Incluso de Nazaret dice igualmente que *"dentro si è una bellisima chiesa",* para añadir poco después *"ma ora si è abattuta",* que es lo mismo que decir que no la había.

Como se ve, pues, el itinerario de Poggibonsi no identifica con certeza Kh. Qana, pero menos aún Kafr Kanna, antes bien, es más razonable dar mayor crédito a la primera hipótesis que a la segunda, principalmente por el hecho de que admite la interpretación que armoniza con las fuentes anteriores y posteriores, y al mismo tiempo da un mejor sentido interno al texto y al contexto.

34. Frescobaldi y Sigoli (1384)

Los dos itinerarios siguientes ilustran la deformación que puede sufrir una tradición bíblica, particularmente en este siglo XIV, ya de

---

[158] Caps. 73, 87, 90, 115 y 122 respectivamente; pp. 46-47, 54-55, 56, 67 y 71 de la ed. cit. de Gerusalemme 1945.

por sí bastante proclive a una credulidad excesiva. El de Leonardo di Niccolò Frescobaldi dice así:

"Il seguente dì andamo al mare di Galilea (...) Apresso a questo luogo pure nel piano si è dove Cristo fece alle nozze diventare dell'acqua vino, e fu questo il primo miracolo che facessi. Di sopra nella piazza a Cana Galilea si è uno aspro monte, dove è una piccola e divota Chiesa, la quale quando vi fummo cominiava a cadere; e fecela fare Santa Elena. In questo luogo pascè Cristo di cinque pani d'orzo, e due pesci cinque migliaja d'uomini sanza le femmine e'fanciullo, ed avanzovvene dodici sporte. È ancora ivi appresso dove Cristo fece dell'acqua vino alle nozze, e dove egli liberò la'ndemoniata, ed evvi dove egli apparìo agli Apostoli (...) La sera albergamo in questo mare"[159].

Del mismo año 1384 es el itinerario de Simone Sigoli:

"Partendosi dal monte Tabor, a dieci miglia si trova il mare di Galilea (...) In questo mare andò Cristo sopra l'acqua e non s'immollava le piante dei piedi. Appreso si è il propio luogo dove Cristo Gesù alle nozze di s. Giovanni Vangelista fece dell'acqua vino. Appresso su alto, a capo al mare di Galilea, si è il propio luogo dove Cristo saziò cinque mila uomini..."[160].

35. Joannes Poloner (1422)

La *Descriptio Terrae Sanctae* (1422) de Joannes Poloner incluía un mapa que, desgraciadamente, no se ha conservado. El párrafo de Caná, en armonía con los anteriores, describe Kh. Qana sin aportar nuevos datos:

"Ad Ackon quator leucas versus orientem est Chana Galilaeae, ubi Christus aquam convertit in vinum. Locus nuptiarum est crippa [sic] in saxo cavata, quae paucos capis homines, et ostenditur locus, ubi steterunt hydria et triclinium, ubi erant mensae posiate, et sunt loca subterranea, scilicet

---

[159] Leonardo di Niccolò Frescobaldi Fiorentino, *Viaggio in Egitto e in Terra Santa*. Roma 1893, 164-165.
[160] Simone Sigoli, *Viaggio in Terra Santa ed il Fiore di Virtù*. Torino, 1884, 86.

annunciationis, nativitatis Christi. De Chana Galilaeae duas leucas contra austrum est civitas Sephor"[161].

Es de notar que una de las fuentes de Poloner es el itinerario de Belardo, que no parece haya tenido una gran difusión, como los de Burchardo y Sanudo, de los que también depende. Lo demuestra su frase *"locus nuptiarum est crypta in saxo cavata..."*, sustituyendo los 50 hombres que podrían caber en la gruta, según Belardo, por un indefinido *"paucos homines"*.

36. Gabriele Capodilista (1458)

Del año 1458 es este itinerario, reproducido *ad pedem litterae*, en el *Viaggio in Terrasanta di Santo Brasca (1480)*, que tuvo a Felix Fabre por compañero de viaje.

El itinerario comienza en Jerusalén para dirigirse al lago de Galilea, recorriendo Siquém, Samaría, Jenin, Naím y el Tabor, pero después, bruscamente, hace un salto en la redacción pasando a describir Shfar'am-Caná-Séforis-Nazaret:

"[Tabor]. Caminando più ultra per quatro miglia trova uno castello chiamato Safran, dove nacque Sancto Giohanne evangelista et Sancto Iacobo Zebedeo, o vero magiore. Sequendo al camino verso Nazaret si trova longe circa miglia quatro Cana Gallilee, posta nel tribo de Neptalin, proxima a la sepultura de Iona propheta. Et qua Christo fece lo primo miraculo de convertir l'acqua in vino a quele noze, et dicesi che Sancto Giohanne evangelista fu lo sposo. Et ivi si mostra lo luocho dove steteno le sei idrie, el qual de presente è chiesia.

Fuora de Cana Galilee per uno tracto di balestra è uno castello chiamato Architriclinio, dove nacque lo gubernatore de le predicte noze, e fra Cana Galilee et lo dicto Castello è una fontana, de la quale forno piene le idrie. Passando più ultra per cinque miglia si trova Saphor, ch'è uno castello molto ruinato dove nacque Sancta Anna et Sancto Ioachin, matre et patre de la gloriosa vergene Maria, et è posto nel tribo de Azor apresso la

[161] TOBLER, *Descriptiones Terrae Sanctae ex saeculo VIII. IX. XII et XV.* Leipzig 1874, 271-272. - BALDI, nº 259, p. 211.

valle de Carmaleon, et qui si mostra la casa dove habitava Centurione"[162].

El itinerario parece una mezcla de diversas fuentes, tradiciones orales e interpretaciones propias. Al comenzar el itinerario a Nazaret dice Capodilista que *"quale con ogni studio et diligentia ho cercato intendere da li reverendi patri guardiani de monte Sion ed guardiano de Baruti, li quali amendui se ritrovorno in Ierusalem al mio tempo"*. Es posible que en el convento franciscano tomara notas de tales informaciones y también de diversos itinerarios que se conservaran, ya que es indudable que muchos párrafos proceden de Burchardo. Obsérvese, p.ej. éste del Tabor: *"si mostra le ruine de li tre tabernaculi, li quali fuorno ediffcati secondo lo desiderio di sancto Pietro quando lui dixe: Faciamus hic tria tabernacula"*, comparándolo con el de Burchardo: *"ostenduntur ruine trium tabernaculorum siue claustrorum secundum desiderium Petri constructorum"*, aunque Burchardo no le añade la cita bíblica. En otra ocasión dice: *"secundo scrive Beda"*.

Igualmente proceden del dominico alemán la descripción de Séforis (con la mención de S. Joaquín, la tribu de Aser y el valle *Carmaleon*) y el primer párrafo de Caná, con la proximidad del sepulcro de Jonás, clara referencia a la Ruma de Burchardo. En cambio los párrafos siguientes están inspirados en Poggibonsi, con dos novedades: el *castello Architriclinio* es el lugar *dove nacque lo gobernatore*, que está a *uno tracto di balestra*, expresión propia de los itinerarios franceses, similar a la *balestrata* de Poggibonsi.

El uso de diversos manuscritos, unidos seguramente por su propia mano, es la única explicación al salto, sin nexo de unión, entre la descripción del Tabor y la de Shfar'am, aparentemente sin darse cuenta de que este nuevo itinerario (Acre-Nazaret) sigue la dirección contraria a la que venía describiendo hasta entonces (Jerusalén-Tabor).

De Capodilista se conserva un Mapa de Tierra Santa, hecho sobre la base del de Sanudo y el Florentino, que sitúan Caná al norte de Séforis, en el Battof[163].

---

[162] A. L. MOMIGLIANO (ed.), *Viaggio in Terrasanta di Santo Brasca, 1480, con l'Itinerario di Gabriele Capodilista, 1458*. Milano, 1966, 131(texto de Brasca) y 222 (texto de Capodilista).

[163] K. NEBENZAHL, *Maps of the Holy Land*. New York 1986, 53-54.

37. Dos itinerarios rusos (1465 y 1560)

El itinerario del comerciante ruso Basilio (1465) testimonia la tradición greco-ortodoxa que conmemoraba las bodas de Caná en el Monte de los Olivos de Jerusalén hasta casi el siglo XVII[164]. Fue publicado el siglo pasado por Khitrowo en versión francesa:

"Nous gravîmes le Mont des Oliviers & atteignîmes l'église de l'Ascension de Notre Seigneur (...), le tombeau de la sainte martyre Pélagie; & il y a onze marches jusqu'au tombeau. De là nous allâmes à Cana en Galilée, où le Christ changea l'eau en vin. Puis nous nous rendîmes dans la Vallée des pleurs, & vîmes la Maison de Zacharie & une église située à côté. De là nous parvînmes à la Piscine de Siloé, où il faut descendre onze marches jusqu'à l'eau. Nous nous dirigeâmes ensuite ver le Mont Sion..."[165].

No está claro, en cambio, si se refiere al mismo Caná del Monte de los Olivos el itinerario de Basilio Posniakov (1558-1561), porque parece difícil creer, aunque así lo diga claramente, que además de Caná y Betsaida, también estuviera en el Monte de los Olivos el Mar de Tiberíades:

"Nombreux sont les saint lieux de pèlerinage dans Jérusalem & dans ses environs, & il est impossible de les décrire tous à cause de leur grand nombre & des persécutions des Turcs impies. Il y a Béthanie, où le Seigneur ressuscita Lazare, & Cana de Galilée, où Notre Seigneur Jésus-Christ fut convié aux noces & changea l'eau en vin, & Bethsaide (...) & la Mer de Tibériade, où Jesus apparut à ses disciples après sa résurrection, &, étant venu à eux, Il mangea, ainsi que c'est écrit dans l'Evangile, & leur donna une partie du poisson grillé & du miel d'abeille (...) & le village d'Emaüs, à quinze stades de Jérusalem"[166].

Probablemente en este Caná del Monte de los Olivos está el origen del extraño título que porta el Patriarca Greco-Ortodoxo de Jerusalén: "Patriarca de Jerusalén y de Caná de Galilea".

---

[164] Cf.: GOLUVOBICH, "Itinerario de Fr. Antonio de Reboldis", en *Biblioteca, tomo III (1300-1332)*. Quaracchi 1919, 333.

[165] B. DE KHITROWO, *Itinéraires russes en Orient*. Génève 1889, 254.

[166] Idem, pp. 333-334.

38. Anselmo Adorno (1470)

El detallado itinerario del flamenco de Brujas Anselmo Adorno (1470-1471)[167], *Sire* de Corthuy, que es un diario de peregrinación, no hace mención de Caná, pero sí describe Kafr Kanna en su recorrido de Nazaret a Tiberíades, sin hacer alusión al milagro de las bodas ni a Caná de Galilea:

"Decima octobris post meridiem dum [die] per montes fertiles et bene habitatos primum venimus in opido magno intra montes situato, Reyne nomini. Est bene populatum (...) Circa horam vesperarum in Jefferkin applicuimus, opido majori quam Reyne quod antiquitus Capharnaum secundum aliquos vocatum est, ubi Christus multa fecit. Civitas enim erat centurionis. Eo in loco eoque die nundine publice extiterunt, in quibus erant ultra quatuor aut quinque milia hominum tam Arabum quam aliorum Saracenorum. Qui nos undique circundarunt ac veluti monstra atque salvaticas gentes intime conspexerunt, unde mirandum est quod nullas nobis insidias pararunt. (...) ymmo crepusculo noctis nobiscum recesserunt in societate alterius carauane et venimus circa mediam noctem in quadam villam Sydisayc[168] vocatam, magnam, in amenissimo loco montoso sitam, ubi duos pulcherrimos fontes ex marmoribus constructos quales in itinere non videramus invenimus, quorum aqua dulcissimi optimique saporis erat. Circa principium diei artificialis undecime mensis octobris, venimus super mare Tyberiadis sive Galylee"[169].

La villa de "*Jefferkin* que, según algunos, sería la Cafarnaúm de la antigüedad", es, evidentemente, Kafr Kanna, situada entre Reina/er-Reneh y *Sydisayc* (Hattin) como bien dice Adorno, en el camino de Nazaret a Tiberíades, y no Khan al-Tajjar. El término *Jefferkin* es la transcripción fonética que le pareció a Adorno más próxima al nombre desconocido que escuchaba. También llama *Bersam* a Beth-Shean. La relación que "algunos" le sugerían con Cafarnaúm se explica por coincidir el topónimo común Kafr (villa), y bien pudiera ser una invención del ruin *trucemanno* que les acompañaba, aunque también puede ser una referencia a una tradición oral común al itinerario de

---

[167] Vid.: A. STORME, "Le voyage d'A. Adornes en Terre Sainte", en *LA* 31 (1981) 199-216.

[168] El manuscrito de Lille (1491), en lengua flamenca, dice "*Sidelaye*". Vid.: E. FEYS, *Voyage d'Anselme Adornes au mont Sinaï et à Jerusalem*. Bruges 1893, 189.

[169] J. HEERS-G. GROER, *Itinéraire d'Anselme Adorno en Terre Sainte (1470-1471)*. Paris 1978, 316.

Fedanzola (poco probable), que es el único que hace la misma sugerencia, si bien éste la distingue del Cafarnaúm del Evangelio. En Jenin sucede otro tanto, pues dice que *"Genin, olim Genasereth, dictus est".*

Sydisayc ha de ser Hattin/Hittin (MR 192245), no Sejera/esh Shajara (MR 187240), tanto por su situación como por la isofonía con *Sydi Shu'aib*, o Señor Shu'aib, según la vieja costumbre musulmana de referirse a los profetas, cuya tumba, muy venerada por los drusos, permanece en Hattin[170]. Ciertas tradiciones, musulmanas y judías, identifican el *Nebi Shu'aib* con Jetró, el suegro de Moisés[171].

Lo más significativo del párrafo de Adorno no es tanto la omisión de Caná de Galilea, cuanto la confirmación, una vez más, de que no existía una segunda tradición sobre Caná en Kafr Kanna o dudas en su localización, ni siquiera para la profusa imaginación de su *trujimán* o de aquéllos que le sugerían ver allí la antigua Cafarnaúm.

39. Alexander Ariosto (1476)

El franciscano boloñés Alexander Ariosto fue enviado como misionero entre los maronitas del Líbano, donde permaneció por tres años. Algunas fuentes dan erróneamente el año 1422 para su *Topographia Terrae Promisiionis*, que debe datarse con posterioridad a 1466, año que cita para datar ciertos acontecimientos, y probablemente también a la subida al solio pontificio de Sixto IV, en 1471.

Su *Topograhia* es un libro interesante, especialmente por las referencias personales y porque no copia al pie de la letra las fuentes que haya podido utilizar. Su recorrido es Jerusalén-Samaría-Nazaret-Séforis-Caná-Acre, que ya es de por sí suficientemente demostrativo de Kh. Qana, lo mismo que la descripción local, plenamente coincidente con los testimonios anteriores:

"Eademque via ad Aquilonem in sexto lapide est urbs sephor, sive Sephora, ex qua extitit Joachim gloriossisimae Virginis Pater. A qua ad Canam Galilaeae sex millium via est, ubi in subterranea specu monstratur locus, in quo sex hidriarum aquam in vinum convertit Dominus. Ex quo Vico et Nathanael

---

[170] U. HEYD, *Ottoman Documents on Palestine, 1552-1615.* Oxford 1960, 83, nº 36.
[171] CARMOLY, 259, 385. - *TGA,* 117.

verus Isarelita oriundus fuit. Quo a loco trigesimo milliario ad Occidentem urbs Accon, sive Ptolemais"[172].

Ariosto es el primero es llamar "cueva", con más precisión, la cripta, roca o lugar subterráneo de los itinerarios anteriores.

40. Francesco Suriano (1485)

El *Trattato di Terra Santa e dell'Oriente* fue escrito por fray Francesco Suriano, elegido "Superior de Tierra Santa" para el bienio 1493-95, y Custodio por segunda vez de 1512 a 1514[173].

La toponimia local que se detalla en sus páginas sirve para conocer el nombre árabe de las poblaciones bíblicas, aunque se comprenda que pueda estar errado en su localización, como, p. ej., la desconocida Betsaida, que viene identificada con Tiberíades:

"Questa cità de Sichem, se chiama *Naplos;* el pozo de la Samaritana *Bir Samarye*. Item, la cità de Samaria chiamata *Sebastem* (...) Item, el castello de Anathot, dove naque Ieremia propheta, e chiamase *Ain el dud*. Item, Cana Galilea dove alle noze Christo mutò l'aqua in vino, e chiamase *Cana el zelil*. Item, la cità sancta de Nazareth, e chiamase *Nazre*. Item la cità de Bethsaida, overo Tiberya (...) e chiamase *Midine el Thiberie*.

(...) Item, Cana Galilea è appresso Nazareth in pianura, distante miglia sete: ia qual al presente è reducta in villa. Nel loco dove Christo mutò l'aqua in vino, fo facta una shiesia"[174].

Este itinerario es el primero en dejar constancia del nombre árabe del lugar, *Cana el zelil*, es decir *Cana el-Gelil* o de Galilea, como aún hoy día llaman a Kh. Qana muchos árabes, cristianos y musulmanes, autóctonos del Battof y de Nazaret. Suriano estaba también en la creencia de que, en el pasado, hubo una iglesia en Caná.

El testimonio del Custodio franciscano de Tierra Santa es una prueba más de la hipótesis, si es que aún se la puede seguir llamando así, de Kh. Qana.

---

[172] Fr. ALEXANDRI ARIOSTI DE BONONIA, *Topographia Terrae Promissionis*. Roma, 1863, 33.

[173] G. GOLUBOVICH, *Serie Cronologica dei Rev.mi Superiori di Terra Santa (1218-1898)*. Gerusalemme 1898, 35, 36, 43.

[174] F. SURIANO, *Il Trattato di Terra Santa e dell'Oriente*. Milano, 1900, 139, 143.

41. Barbone Morosini (1514)

El último itinerario del período mameluco permanece inédito, salvo ciertos extractos que han sido publicados[175]. Se trata de la peregrinación por Tierra Santa del comerciante Barbone Morosini, realizada entre el 15 de julio y el 26 de agosto de 1514, tan sólo tres años antes de la conquista de Palestina por Selim I el Severo, que inicia el largo período de 4 siglos de dominación otomana:

> "Et lì [Séforis] fassi certe commemoration de sancta anna. Veduto questo, che altro non ci è degno di relatione chavalchai: et pocho luntan vi sono certe ruine, dove dicono el nostro signor Jesu xpo fece il miraculo de l'aqua vino. Mori el chiamano Cannazilil. Ritornando a nostro camin..."[176].

Ninguna descripción detallada de Kh. Qana dejó escrita Morosini, pero de su última frase se deduce que estuvo allí. Lo más significativo de este breve itinerario es su confirmación del nombre arabizado de Caná, *Cannazilil*, como igualmente había dicho Suriano. Estos dos testimonios de los siglos XV y XVI, y el nuestro personal[177], de 1998, invalidan el contrario de Guérin (1875), que dice que de ninguna persona oyó este nombre, y que *"le curé grec schismatique"* de Sakhnin le aseguró que *"tous les chrétiens s'accordent à identifier Kana el-Djelil avec Kefr Kenna"*[178].

---

[175] M. DA CIVEZZA, "Viaggio di Barbone Morosini ai Luoghi di Terra Santa fatto l'anno 1514", en *Le Missioni Franciscane* (Luglio 1891) 230-236 y (Gennanio 1892) 162-172.

[176] *Pellegrinaggio di Barbone Morosini (1514)*, manuscrito de la Biblioteca del Studium Biblicum Franciscanum de Jerusalén, copia de otro de la Biblioteca Marciana di Venezia. Una referencia a este párrafo fue publicado, no literalmente, en un compendio de su viaje, por el P. B. BAGATTI, "L'Inedito itinerario in Palestina nel 1514 del mercante Barbone Morosini", en *La Terra Santa* 25 (febbraio 1950) 51.

[177] En dos ocasiones distintas, en 1998, un greco-católico de Nazaret y una joven musulmana de Roumet, sin haber sido preguntados previamente, llamaron *Cana el-Gelil* a la colina de Kh. Qana que yo les describía.

[178] GUÉRIN, *Galilée*, I, 475.

V. El período otomano hasta el P. Quaresmio (1517-1626/39)

42. Bonifacio de Ragusa (1551-1564)

Fr. Bonifacio Stefani, natural de la ciudad dálmata de Ragusa, fue Custodio en los períodos 1551-1559 y 1564-65 y "uno de los más beneméritos Superiores de Tierra Santa". Gestionó la compra a los georgianos del actual convento de San Salvador, sede de la Custodia franciscana de Tierra Santa.

Con su privilegiada experiencia y conocimiento de los Santos Lugares y de Palestina publicó en 1573, siendo ya obispo de Stagno (Dalmacia), el *Liber de Perenni Cultu Terrae Sanctae et de fructuosa eius peregrinatione*, donde deja constancia de las visitas a Kh. Qana y a la tumba de Jonás, en una redacción propia y original:

"[a Nazareth] discedunt Septentrionem versus ad Canam Galilaeae. Cana Galilaeae est viculus quidam primi signi, et miraculi Christi Salvatoris nostri familiaris, quia vocatus ad nuptias cum Discipulis suis, ibi deficiente vino ad preces matris aquam in vinum optimum convertit, quapropter dicit Joannes: Hoc autem fecit initium signorum Jesus in Cana Galilaeae, et manifestavit gloriam suam, et crediderunt in eum Discipuli eius.

Haec Cana Galilaeae est iuxta Nazareth ad tria milliaria in tribu Asser a Septentrione in latere cuiusdam magnae planitiei, in qua frumenta colliguntur multa; de hoc dixit Jacob Patriarcha in spiritu in benedictione Asser ita dicens, Asser pinguis est panis eius et praebebit delicias Regibus. Hic cernis, pie cultor, Helenae Matris magnum opus in Ecclesia, quam negligentia Christianorum Principum cum iniuria Creatoris, et Salvatoris dirutam, et in ruinis nunc aspicis. [sigue la *Oratio*] In isto viculo semper optima vina colliguntur; quaere ab accolis, ut recreari possis, et tecum ferre in via"[179].

La descripción de Ragusa es lo suficientemente clara como para advertir que la presunta iglesia de Sta. Elena, destruida y de la que se ven las ruinas, no puede ser el magnífico edificio sacro de Kafr

---

[179] BONIFACIO STEPHANO RAGUSINO [BONIFACIO DE RAGUSA], *Liber de Perenni Cultu*. Venetiis 1875, 264-265.

Kanna, del que hablarán Doubdan, Nau y otros en el siglo siguiente, sino los restos de Kh. Qana. Basta leer la continuación del párrafo, en la página siguiente de su itinerario, para despejar cualquier duda:

"Inde surgentes per illam planitiem magnam, ad Orientem versus procedimus, quae pinguem panem regibus praebentem delicias benedictione producit, et Sephorum patriam Joachim Patris Virginis Matris, sepulcrum Jonae, cisternam Joseph (...) Bethuliamque..."[180].

Después de Caná, visita Séforis y el sepulcro de Jonás (por tanto, Kafr Kanna, a la que no nombra), para continuar al pozo o cisterna de José y Betulia, según la creencia del tiempo, atestiguada en otros itinerarios. Más que un error, se trata de una imprecisión del lenguaje su expresión *"ad Orientem procedimus"*, pues al oriente se encaminan como dirección general, pero propiamente sólo después de Séforis, que está al sur de Caná.

43. Pantaleão de Aveiro (1564)

El franciscano portugués Pantaleão de Aveiro acompañó a Bonifacio de Ragusa al Concilio de Trento, donde éste participaba como teólogo[181]. Viajaron juntos también de Chipre a Jerusalén cuando Ragusa iba a comenzar su segundo mandato como Custodio y Pantaleão iniciaba su periplo por Tierra Santa[182]. Aveiro es la única fuente que menciona la presencia de habitantes cristianos en Caná, que identifica claramente con Kh. Qana:

"Cannà de Galilea, ao presente he huma aldea de Christãos, & Mouros, & situada em hum alto, do qual se descobre toda aquella Provincia. Os moradores dão-se a lavoura, porque a terra he grossissima, & não lhe falta, senão quem se queira aproveitar della: mas esses poucos moradores, que habitaõ na Galilea, provem Hierusalem, & outras muytas partes de trigo, que tanta he a abundancia. Tãto que chegamos, armáraõ logo nossos companheiros duas tendas de caminho que

---

[180] Idem, 266.

[181] G. GOLUBOVICH, *Serie Cronologica dei Rev.mi Superiori di Terra Santa (1218-1898)*. Gerusalemme 1898, 52-55.

[182] Así lo dice expresamente Aveiro en su itinerario (folio 49 rto., de la edición citada en nota siguiente). Por esta razón la fecha de 1552, que da Röhricht al viaje de Aveiro, es errónea; cf.: R. RÖHRICHT, *Bibliotheca Geographica Palaestinae*. Berlin 1890, 192.

traziaõ, nas quaes todos nos recolhemos algum tanto separados da outra companhia, por ser já a terra segura de Arabes, & nòs melhor olhados, & tratados dos Turcos, & Mouros. Antes que todo fosse noite, nos levou o Christão Nicolao á Igreja dos Christãos, aonde, quasi todo subterraneo, nos mostrárão o cenaculo, ou triclinio, no qual nas vodas nosso Redemptor converteo a agua em vinho. Abayxamos ao lugar por cinco, ou seis degráos, & não vimos nelle cousa algua de notar, salvo terrem-no muyto limpo, & reverenciado. Rezamos a estaçaõ, ganhando indulgencia de sete annos"[183].

Por cinco o seis gradas se descendía a la gruta de Caná, dice Pantaleão, por tanto el nivel del suelo debía de ser prácticamente el mismo que el que tiene ahora. "Nada digno de notar" vió, como no fuera "un suelo muy limpio y reverenciado". Sin duda le llamó la atención este detalle por no esperarlo de un ambiente rupestre. Es posible, por tanto, que hubiera un pavimento artificial en la gruta, pero también pudiera ser que su expresión de cierto asombro pueda referirse al hecho de encontrar el interior de la gruta recubierta de estuco. Tal vez la última capa, de las cuatro existentes, se hubiera llevado a cabo recientemente y estaba, por tanto, en óptimo estado de conservación y limpieza.

Dice igualmente que "casi todo es subterráneo", luego había algo más en el exterior: alguna construcción adyacente o, tal vez, el pozo venerado.

La descripción de la fértil llanura del Battof y la magnífica vista que hay desde allí de toda la "provincia" ya bastaría, por sí sola, para identificar sin dudas la colina de Kh. Qana.

44. Henry de Castela (1600)

Con el título de *Le Sainct Voyage de Hierusalem (1600)* se publicó en Burdeos tres años después este itinerario *"faict en l'an du grand Iubile 1600 par P.F. Henry Castela Tholosain, Religieux de l'Observance* (carmelita), que describe Caná de Galilea en el Battof y el sepulcro de Jonás en Kafr Kanna, que tampoco nombra. El orden de la descripción y otros detalles parecen denotar una influencia del *Liber de Perenni Cultu* de Ragusa, que adquirió gran difusión:

---

[183] PANTALEÃO DE AVEIRO, *Itinerario de Terra Sancta e suas particularidades.* Lisboa 1593, Cap. 82, folio 222 (vto.)-223 (rto.); Coimbra 1927, 470.

"A trois mille loing de Nazaret vers Septentrion, on trouve le lieu appellé dans l'Escripture S. Cana Galilée, où nostre Seigneur fit son premier miracle, en changeant l'eau en vin. C'est un terroir fort beau, & fertil tat[ilegible] é bleds, vins, qu'autres fruicts: il y souloit avoir une Eglise le passé, laquelle est abbattue & mise par terre. Et passé qu'on à ceste plaine environ six mille, plus avant tirant vers l'Orient, on trouve la valle de Carmel, ensemble la ville capital de la Galilee nommee Sephora, laquelle servoit de clef aux Iuifs au temps de Vespasien: c'estoit la patrie de S. Ioachim pere de la Vierge Marie, qui estoit de la lignee d'Aser.

A huict mille de Cana Galilée, est le sepulcre de Ionas le Prophete, qui est tout ruiné ensemble tout le pays. On voit aussi Dotaïn..."[184].

Atravesando el Sahel el-Battof (que llama *Carmel*, como Burchardo), y dejando a un lado Séforis, se dirige directamente a Kafr Kanna desde Caná. Castela es la primera fuente que habla del sepulcro de Jonás en estado ruinoso, aunque fray Eugène Roger, 30 años después, no lo confirma. Tal vez quiera decir que estaba en muy mal estado, "como todo el país".

45. Louis Des Hayes (1621)

En 1621 envió el rey de Francia Luis XIII a su embajador Louis Des Hayes, barón de Courmenin, para proteger los derechos de los franciscanos en Tierra Santa. Dejó escrito un diario de viajes, *Voyage de Levant*, publicado muy poco después. Era por entonces Custodio de Tierra Santa el benemérito Fr. Tomás Obicini de Novara (1620-21), el cual había obtenido del benévolo Fakr-ed-Din autorización para construir una iglesia sobre la gruta de la Anunciación en Nazaret, que antecedió a la actual.

En su libro aparece por primera vez la duda sobre la localización de Caná, originada por la práctica greco-ortodoxa, pero resuelta satisfactoriamente "por la diligencia del P. Novara":

"De là nous allasmes à Caffar Cana, qui est vn grand village advantageusement situé au milieu d'vne quantité d'oliviers, qui enrichissent grandement les Mores qui l'habitent. Les Chrestiens Orientaux estiment que c'est le lieu où Nostre

---

[184] H. DE CASTELA, *Le Sainct Voyage de Hierusalem*. Bordeaux 1603, 335.

Seigneur changea l'eau en vin, mais par la diligence du Pere Thomas de Novarre, l'on a trouvé que c'est en vn village nommé simplement Cana, dont ie parleray cy apres"[185].

De la visita a Cana, en el Battof, dice:

"Il est à croire que c'est en ce lieu que nostre Seigneur fit le miracle de la transmutation de l'eau en vin: car en toute la Galilée il n'y a que ce village qui s'appelle simplement Cana. L'on y voit les ruines d'une église que l'on croit avoir été bastie au mesme lieu où se fit le miracle"[186].

El párrafo de Courmenin es el primer testimonio de la presencia cristiana en Kafr Kanna que, por lo que sabemos, se remonta a unos 50 años antes, cuando los ortodoxos griegos edificaron la primera iglesia del lugar, en 1566[187]. Al mismo tiempo, deja patente que fueron los cristianos ortodoxos quienes iniciaron la "tradición" de localizar el primer milagro de Cristo en Kafr Kanna, aunque no sabemos hasta qué punto pretendían dar verosimilitud a esta pretensión o si, tal vez, se limitaban simplemente a conmemorar aquél episodio en Kafr Kanna, como lo hacían en la Galilea del monte de los Olivos, evitando así la insegura y onerosa visita al Battof. Con el tiempo, esta práctica originó una creencia en la autenticidad del lugar, favorecida por el nombre similar de Kafr Kanna y la desaparición de la población en el lugar auténtico. Aunque no sea una explicación apodíctica, es la más probable.

De la visita a Kh. Qana dice que se veían las ruinas de la iglesia que todos creían haber existido. Tales ruinas solo pueden referirse a la gruta, los posibles restos de la superficie y el conjunto de casas del entorno inmediato, ya que el estado actual de Kh. Qana ha de ser prácticamente el mismo que el de entonces. Diez años después Roger dirá que "la iglesia que se construyó está hasta tal punto arruinada que apenas se la puede reconocer".

---

[185] LOUIS DES HAYES, *Voyage de Levant fait par le commandement du Roy, en l'année 1621 par le S.D.C.* Paris 1632, 436 (citado por GOLUBOVICH, *Biblioteca, tomo X: Croniche o Annali di Terra Santa del P. Pietro de Montepeloso. Tomo V (Supplemento: 1504-1637).* Quaracchi 1936, 283).

[186] Idem, 439 (citado por KOPP, *Itinéraires Evangéliques.* Tours 1964, 284).

[187] Esta fecha la da MEISTERMANN (*Guida di Terra Santa,* Firenze 1925, 555), sin señalar la fuente de donde fue tomada. Probablemente procede de E. GEISSLER, "Il Venerabile Santuario Principale di Cana-Galilea", en *DTS* 5 (1912) 97, y aunque esta es una fuente de poco crédito, la fecha es verosímil, por cuanto consta la presencia ortodoxa en 1621.

46. Yves de Lille (1624-26)

El P. Abel, de l'Ecole Biblique de Jerusalén, publicó el itinerario del capuchino francés Yves de Lille, que describe Caná:

> "Sommes partis pour saint Jean d'Acre passant par Canna Gallileae... sed modi vix aliquod superest vestigium, Mori et Arabes Cannam inhabitantes ostendunt locum templi edificati et adhuc aliquam grottam ruinis involutam. A latere illius grottae est cisterna ex qua aqua hausta fuerat pro conversione in vinum. Hec omnia ita inversa ut vix appareat alicuius rei et structure aliquod vestigium"[188].

El párrafo es una buena y clara descripción de Kh. Qana, pero no es original del P. Yves, porque éste siempre escribe en latín las fuentes de autoridad, y en francés su propia redacción. Ignoramos de dónde procede, pero está claro que no de Adrichomius, como sugiere Abel[189], ni tampoco del P. Boucher, que es una fuente que cita Lille, dado que Boucher no describe la Galilea en su *Voyage de la Terre Sainte* de 1611[190].

Su itinerario hace también una brevísima referencia a la tumba de Jonás:

> "Avons passé au pied du mont et village Gethefer doù est natif le proph(ete) Jonas, où aussi il est enselevy, tempore Jeronimi eius sepulchrum ostendabatur"[191].

Podría pensarse que el párrafo describe Meschad, ya que habla de la patria del profeta Jonás, pero se ajusta mejor a Kafr Kanna, cuyo nombre omite, porque dice estar situada al pie del monte, pasando después a describir inmediatamente el "campo de espigas", que se corresponde con el campo *où Nostre Seigneur cheminoit avec ses Apostres un iour du Sabath"*, según dice Roger cinco años más tarde, el cual lo sitúa también en el entorno de Turan, inmediatamente después de Kafr Kanna.

De ser correcta esta interpretación, y todo parece indicarlo así, Yves de Lille es un nuevo testimonio de que Kafr Kanna era considerada la bíblica Gat-Hepher (su grafía "Gethefer" tiene una

---

[188] F. M. ABEL, "Itinéraire aux Lieux Saints du P. Yves de Lille (1624-1626)", en *EF* 257 (Mars-Avril 1933) 138.

[189] Cf. con el texto de ADRICHOMIUS, *supra*, par. 5 *"Eusebio de Cesarea"*.

[190] J. BOUCHER, *Le Bouquet Sacré, ou Le Voyage de la Terre Sainte*. Rouen 1752, 8-9 (para la fecha del viaje).

[191] ABEL, *Itinéraire*, 220.

isofonía con Kefer) y, sobre todo, de que por ese año de 1624 ó 25 aún permanecía el sepulcro de Jonás en Kafr Kanna.

47. Vincent Stochovio (1631)

En el año 1631 Vincentio Stochovio, Señor de Ste. Catherine, natural de Brujas, peregrinó a Tierra Santa. En su *Voyage du Levant* narra su paso por Caná de Galilea, Meschad y Kafr Kanna:

"Nous partismes de Sainct Jean d'Aquere [Acre] le vingt-uniesme jour d'Aout pour aller à Nazaret qui en est esloigné une journée, nous cheminasmes environ trois heures dans de belles plaines remplies de cottoniers, au sortir nous laissasmes à main gauche un grand village appellé jadis Cana de Gallilée, où nostre Seigneur fit son premier miracle en changeant l'eauë en vin. A quatre lieuës de là nous passasmes devant un village nommé Saphoria (...) en partismes [de Nazaret] à minuict pour aller voir la mer Tiberiade.

Nous cheminasmes environ une heure & demie dans un chemin fort raboteaux & difficile, nous laissasmes à main gauche un village nommé Mechet [Meschad] habité de Mores, lequel estoit la patrie de Jonas, il y a eu une Eglise bastie à l'endroit où estoit sa maison, dont les ruines servent à present d'estable, où les habitans logent leur bestail.

A environ le my chemin de Nazaret à la mer Tiberiade, nous passasmes devant Caffar Cava (Kafr Kanna), qui es un grand bourg situé sur le penchant d'une colline tres-fertile & toute remplie de beaux oliviers, elle estoit autrefois une des principales villes de Galilée, de là nous entrasmes dans une grande plaine, où l'on nous monstra le lieu où nostre Seigneur fit le miracle de cinc pains d'orge, & des trois poissons..."[192].

La peregrinación de Stochove está hecha 8 años antes de que el P. Quaresmio publicara la *Elucidatio* y 5 años después de que concluyera la primera redacción. En el texto se puede comprobar que sus descripciones coinciden con todas las que se hacen en los itinerarios de este período, sin ninguna de las novedades que, contrariamente, expresan todos los itinerarios del período siguiente, posteriores a la *Elucidatio*.

---

[192] VINCENT STOCHOVIO, *Voyage du Levant*. Bruxelles 1662 (3ª ed.), 336, 339-340.

Sitúa Caná correctamente en el Battof "a la izquierda de Séforis" en su camino de Acre a Nazaret, que no visitó, sin duda por saber que no había nada de mayor interés que ver y había que pagar por la visita. Después de Nazaret pasó por Meschad, "patria de Jonás, donde hay edificada una iglesia en el lugar donde estaba su casa, que ahora es establo". No se deduce con claridad si fue testigo presencial de esta curiosa información, que ningún otro peregrino aporta, pero, de ser cierto, puede dar la clave a un hecho fundamental del período inmediatamente siguiente: el traslado de la tradición de la tumba de Jonás de Kafr Kanna al Meschad, que ocurrió ciertamente en estos años, con cuyo motivo pudo hacerse una nueva edificación en este lugar, en la "iglesia" que dice Stochove, refiriéndose, claro está, a la mezquita, que afirma estar en ruinas.

Después del Meschad visita Kafr Kanna, mencionando de ella únicamente sus hermosos olivos, omitiendo toda referencia a Caná de Galilea, como es lógico, pero también al sepulcro de Jonás.

48. Fr. Eugène Roger (1631)

En el mismo año que Estochove llegó también a Palestina el hermano franciscano Fray Eugène Roger, médico de Fakr-ed-Din o Fakardino, gran emir de los drusos y aliado del Papa y el rey de España. Permaneció en la Custodia de Tierra Santa entre 1631 y 1636. Roger es una fuente fundamental para cerrar definitivamente el problema, ya suficientemente claro, de Caná y comprender el nacimiento de la nueva tradición que se origina en Kafr Kanna.

Dejó escrita una obra titulada *"La Terre Sainte ou Description Topographique très-particuliere des saints Lieux & de la Terre de Promission"*, indispensable para conocer el estado de los Santos Lugares y de Palestina en el siglo XVII, en el que hace estas detalladas y valiosas descripciones de Caná y Kafr Kanna:

"Saphoury est un des bons terroirs de la Galilée: mais les Mores qui l'habitent sont inhumains comme des bestes feroces. La ville de Cana en Galilée est à une lieuë de la ville de Saphoury vers l'Orient; sise au pied d'une montagne qui regarde le Midy: auiord'hui ce n'est plus qu'un village, qui est un vray coupe-gorge, habité des Mores. Ce fut où Nostre Seigneur fit voir le premier effet de sa toute-pouissance, changeant l'eau en vin. Tout le terroir est assez bon. Il y a vers l'Orient & au Midy une belle campagne. L'eglise qui fut bastie au lieu où Nostre Seigneur fit ce premier miracle, est tellement ruynée, qu'a peine la peut-on discerner; encore pour y aller chaque Pelerin paye un sequin, ou quatre pieces de vingt sols de notre monnoye"[193].

Roger es el último peregrino que describe Caná, convertida en "un verdadero villorrio", en los años previos a su extinción, aunque no parece que nunca haya sido una población grande, a pesar de lo cual hay que pagar un alto precio por visitar tan solo unas ruinas. La decadencia es generalizada en todo el país, como bien había notado Castela, y el propio Roger dice de Kafr Kanna que "parece que antaño fue un hermoso lugar". Todo parece indicar que entre 1630 y 1650, aproximadamente, se produjo el completo despoblamiento de Caná, después de casi 3000 años de vida.

Prosigue Roger su itinerario con las páginas que describen Nazaret y el Monte Tabor, para continuar después por el camino de Nazaret-Tiberíades, con los pueblos de Reina, Meschad y Kafr Kanna, donde hace la mejor descripción que existe del sepulcro de Jonás. No plantea mayor problema su error situando Caná a oriente de Séforis (error frecuente, como se ha visto); también se equivoca al orientar Reina "entre el norte y el occidente", debiendo decir "entre el norte y el oriente":

"A une petite lieuë de Nazareth entre l'Occident & le Septentrion, il y a un village de la Tribu de Zabulon, qu'on appelle Arena [Reina/er-Reneh]; & tout proche un lieu nommé Menseq [Meschad], qui estoit autrefois une ville de la Tribu de Zabulon, dont le nom ne se peut sçauoir, quoy qu'il y ait de l'apparence qu'elle n'a pas esté une de moindres de cette Tribu. On y void encore les murailles d'une belle Eglise, auprès de laquelle il y a une agreable fontaine. Les habitans sont tous Mores.

Dans la mesme Tribu de Zabulon, à une lieuë de Menseq, estoit une ville, que les habitans du pays appellent Caphercana, ou Caphercan, sise sur le penchant d'un costeau qui regarde le Septentrion. Les Iuifs disent que c'estoit Capharath. Il y a de l'apparence qu'autrefois c'estoit un assez beau sejour. L'aspect est agreable; le terroir tres bon. Tous les champs sont couverts d'oliviers, figuiers, & meuriers à nourrir vers à soye; & quoy

---

[193] E. ROGER, *La Terre Sainte ou Description Topographique tres-particuliere des saints Lieux & de la Terre de Promission.* Paris 1664, 55-56.

que ce ne soit plus qu'un village; il y a une assez belle
Mosquée; à l'entrée de laquelle est un sepulchre de marbre
blanc, où est taillée en bosse une baleine, laquelle vomit Ionas.
Ce que les Chrestiens auoient fait en l'honneur de ce Saint
Prophete; qu'on dit auoir esté inhumé en ce lieu: & quoyque les
Mahometans ayent en horreur & abomination les figures & les
images, ils laissent celle-cy en leur Mosquée.

Ce fut proche de Caphercan, en une belle campagne qui
est vers l'Orient, où Nostre Seigneur cheminoit avec ses
Apostres un iour du Sabath..."[194].

Sin posibilidad de confusión entre Meschad, y su actual
sepulcro de Jonás, con Kafr Kanna y su antiguo cenotafio[195], Roger
describe el sepulcro de mármol blanco y el relieve de la ballena de
Jonás, atribuyendo éste, con bastante lógica, a un origen cristiano,
dado el "horror que los musulmanes tienen a las imágenes".

Probablemente por estos años la mezquita cayó en desuso, pues
30 años antes, en 1600, Castela dice que estaba en ruina o muy mal
estado, y poco después Quaresmio es el primero en hablar del sepulcro
de Jonás en el-Meschad.

En cualquier caso, en este período del segundo cuarto del siglo
XVII, entre 1630 y 1640, se produjeron simultáneamente los dos
hechos que están en el centro del problema de Caná: la desaparición,
como población habitada, de Caná de Galilea en el Battof, y el
abandono del "santuario" o sepulcro de Jonás en Kafr Kanna.

VI. El período otomano desde el P. Quaresmio

49. Francesco Quaresmio (1626/1639)

El P. Quaresmio fue Presidente Custodial durante los ocho
primeros meses de 1619, y más tarde Delegado Apostólico para los

---

[194] Idem, 69.

[195] Cf. BAGATTI, *Antichi Villaggi Cristiani di Galilea*, 37-41.

Caldeos y los Maronitas y Vicario Patriarcal de los Nestorianos que se unieron a la Iglesia Católica. Como hombre de amplia cultura y erudición preparó, en los trece años que vivió en Palestina, la mayor obra sobre Tierra Santa escrita hasta hoy, que terminó de redactar en 1626. En los años sucesivos, hasta su publicación, se dedicó a perfeccionar y completar su obra, publicada finalmente en Amberes en 1639, de la que se hizo una segunda edición en Venecia en 1880.

La *Elucidatio Terrae Sanctae* inaugura un nuevo período en la historia de Caná, pues está en el origen del cambio de la tradición, refrendando la que recientemente se había iniciado en Kafr Kanna.

La obra dedica un amplio capítulo a la peregrinación a Caná de Galilea, manifestando la existencia de una doble tradición, en Kh. Qana y Kafr Kanna, y analizando ambas a fin de determinar cuál fuese la correcta. Lamentablemente, Quaresmio se decantó por dar mayor crédito a la práctica greco-ortodoxa recién nacida, y aunque defiende esta opinión con toda prudencia ("no me atrevo a rechazar la otra"), nadie osó contradecirle, dada la enorme autoridad moral de su persona y su obra, presentándose, en adelante, esta opinión de probabilidad como un argumento cierto y autorizado.

Reproducimos del capítulo VI de la 4ª peregrinación tan sólo lo relativo a la cuestión de la localización de Caná, dado que es muy extenso:

"Duplicis Canae invenio mentionem fieri in sacris litteris et ecclesiasticis scriptoribus; alterius quae major, et alterius quae minor Cana appellatur: illius Josue 19,28, istius Joan. 2,1; illa in superiori Galilaea, et tribu Aser, ista in Galilaea inferiori et tribu Zabulon describitur: contra se oppositae et ab invicem dissitae spatio 50 circiter milliarium, ut patet in *Descriptione Terrae Sanctae*. De illa agit Adrichomius, in Aser num. 31; de ista in tribu Zabulon num. 23; et nos de hac eadem in praesentia agemus.

Haec Cana est civitas Galilaeae posita in tribu Zabulon; quae, teste D. Hieronymo, *De locis hebraicis,* littera *C*, dicitur Cana Galilaeae in Evangelio, et Cana minor, ad differentiam alterius Canae. Sed de illius proprio situ non omnes conveniunt: quidam enim illam proximan civitati Nazareth, quidam magis ab eadem dissitam et in opposita parte ponunt.

Et ut quae probabilior judicabitur sententia seligatur, dicam quae audivi, vidi et legi. Apud nazarethas, et alios proximos habitatores, duplicis Canae Galilaeae fit mentio (excepta illa majori); alterius, quae *cana Galilaeae* simpliciter, alterius quae *Sepher Cana* dicitur. Cana Galilaeae describitur in occidentali plaga Nazareth parum ad aquilonem vergendo, in colle supra pulchram et spatiosam planitiem Zabulon; dissita a Sephoris ad sex, a Nazareth decem circiter milliaribus: villula est exigua pauculas continens domos, nullam ecclesiam, nec signa ecclesiae, ut cum aliis observavi: ibi non sunt vineae, nec multae arbores, sed paucae oleae.

Sepher Cana distat a Nazareth quatuor milliaribus: in ejus aquilonari plaga inclinando ad orientem est in monte sita: circa spatiosam habet planitiem, ubi multae arbores: continet multas domos; ibique ecclesias esse accepi. Cajetanus civitatem fuisse insinuat Joan. 2; sed Haymo (...) eam viculum esse commemorat non longe distantem a Nazareth. Forte tempore Christi civitatula erat, postea in vicum redacta. Sed quaedam ex his est, cujus fit mentio in Evangelio (...)?

Aranda Terrae sanctae explorator[196] (...) priorem esse indicat, dum tradit illam decem milliaribus a Nazareth distare. In eadem sententia est Adrichomius, licet non videatur illam in proprio situ delineasse; quia longius a Sephori quam sit, et in plaga Nazareth meridionali, ut videre est apud eumdem loco posterius citato.

Sanctus Bonaventura, in libro *De vita Christi* posteriorem fuisse indicat, id est, Sepher Canam, dum dicit distare a Nazareth fere quatuor milliaribus. Consentit F. Bonifacius[197] (...) dum in suo opusculum *De perenni cultu Terrae sanctae* dicit: (...). Haec Bonifatius.

In eo autem quod dicit Bonifacius, Canam hanc esse in tribu Aser, provenit forte, quia non advertit ad duplicem Canam; et quod D. Hieronymus dixit de Cana majori, ipse dixit de minori, quae, ut dictum est, in tribu Zabulon collocatur; vel quia proxima tribui Aser. (...)

---

[196] Se refiere al P. Antonio de Aranda, Guardián de S. Francisco de Alcalá de Henares, autor de una famosa obra sobre Tierra Santa titulada *"Particular y verdadera información de la ciudad santa de Hierusalem y de todos los Lugares Santos"*, editada por primera vez en Alcalá (1533). Vid.: R. Röhricht, *Bibliotheca Geographica Palaestinae*, 181. Lamentablemente, no hemos tenido acceso a esta fuente.

[197] Como se puede comprobar, esta atribución a Ragusa de estar describiendo *Sepher Cana* es un error. Sin duda, Quaresmio lo entendió así por la distancia de 3 millas que Bonifacio de Ragusa dice haber desde Nazaret a Caná, en lugar de 3 leguas.

Posterior haec sententia mihi valde probabilis videtur (licet alteram rejicere non audeam), quoniam proximior Nazareth, unde commodius potuit beata Maria vocari ad nuptias: venit enim ex Nazareth, ut sentit Barradius; et quia potest major adinvenire memoria ecclesiae constructae in loco miraculi; et quia experti harum partium, et qui antea floruerunt, idipsum videntur indicare. Est etiam ibi fons, ex cujus aqua, ut dicitur hydriae illae fuerant impletae, quae in vinum fuit transmutata"[198].

Condensando los argumentos de Quaresmio se pueden resumir de esta forma:

1) Hay dos Caná, según escuchó en Nazaret y su entorno: Caná de Galilea y Kafr Kanna *(Sepher Cana)*.

2) En Caná de Galilea (Kh. Qana) hay muy pocas casas, pocos árboles (?), no hay viñas ni tampoco iglesia ni "señales de iglesia", o restos de alguna.

3) En Kafr Kanna hay muchos árboles y casas y se ven iglesias.

4) Las fuentes de autoridad dicen que Caná estaba cerca de Nazaret, lo cual se puede decir de Kafr Kanna, pero no de Kh. Qana.

5) La cercanía de Kafr Kanna explica más facilmente que la Virgen estuviera presente en las bodas.

6) En Kafr Kanna hay una fuente, de donde se dice que se tomó el agua para llenar las hidrias.

Quaresmio pone como premisa haber escuchado a la población de Nazaret que había una localidad llamada Caná de Galilea y otra llamada Kafr Kanna, lo cual, en realidad, no hace sino certificar, una vez más, que la única localidad llamada Caná era la del Battof. Los argumentos son ciertamente endebles, pero se explica que, partiendo de la premisa errónea de Adrichomius de que Caná está en la tribu de Zabulón (a pesar de describirla y situarla en Kh. Qana), y de que hubo una iglesia en Caná, que no se ve por ninguna parte en Kh. Qana,

---

[198] FR. FRANCISCO QUARESMIO, *Historica Theologica et Moralis Terrae Sanctae Elucidatio.* Antuerpiae 1639, II, 852; edición de CYPRIANO DE TARVISIO, Venetiis 1881, II, 641; edición bilingüe (selección de textos) de SABINO DE SANDOLI, Jerusalem 1989, 400-402.

llegara a aquella conclusión, máxime habiendo ya una costumbre establecida por los ortodoxos desde hacía 60 años.

En ningún momento dice Quaresmio expresamente que el antiguo sepulcro de Jonás (si es que conocía su primitivo uso) o mezquita de Kafr Kanna fuese una antigua iglesia bizantina. Sin embargo esta interpretación surge simultáneamente con Quaresmio y sólo después de que éste hable de "las iglesias" de Kafr Kanna, en plural *("ibique ecclesias esse accepi"),* que sólo pueden ser la iglesia ortodoxa y la consideración de antigua iglesia del cenotafio de Jonás, probablemente ya en desuso, incluso como mezquita. Dicho de otro modo: antes de la *Elucidatio* no existe ningún testimonio que identifique en Kafr Kanna la presunta iglesia bizantina, mientras que después de su publicación *todos* los itinerarios hacen esta identificación.

En adelante, ya nadie pondrá en duda las conclusiones de Quaresmio, a pesar de haberlas expuesto con prudencia. A los dos años de publicada la *Elucidatio* ya obtuvieron los franciscanos la posesión de "una parte del antiguo santuario", consistente en una casa contigua, prueba inequívoca de la consideración en que lo tenían como antigua iglesia y de que era una edificio en desuso por su mal estado, aunque permaneció en pie hasta su demolición total en 1879.

Igualmente, Quaresmio será la primera fuente que describa el sepulcro de Jonás en Meschad:

> "Secundo, totidiem confectis, conspicitur locus Michiet appellatus in laeva parte montem; creditus patria Ionae, ubi et sepulchrum eius esse fertur. Ibi etenim ostenditur non inelegans Turcarum mesquita, intra quam sacellum est clausum, in quo corpus sancti Ionae sepultum esse perhibetur; desuper per foramen lampadem demittunt Turcae ad honorem Prophetae; et in latere per aliud inspicitur. Permittunt illi Christianis in mesquitam ingredi[199], solutis tamen dc pedibus calceamentis, et

---

[199] La situación ha cambiado bastante. El 23-2-98 me dirigí allí con la idea de encontrar algún nexo de unión entre la mezquita florida y la actual de Meschad, que sirviera para fijar el traslado de la tradición, particularmente el relieve de la ballena que describe Roger, pero el "santón" que estaba a la puerta me insistía vivamente en que allí no había ningún *Nebi Yunis*, mientras me impedía entrar. Volví de nuevo más tarde, acompañado de un musulmán joven del lugar, que me aseguraba estar su tumba en el subsuelo, pero de nuevo se repitió la misma escena. Varios vecinos del lugar me contestaron no saber nada del *Nebi Yunis*. Un franciscano de Nazaret me informó haberla visto, pero que niegan su existencia a quien no sea musulmán.

quae diximus videre (...). Michiet viculo ad laevam relicto, in dextera cernitur Sepher Cana"[200].

Todas las fuentes posteriores a Quaresmio describirán invariablemente el sepulcro del profeta en Meschad y ninguna hará mención del mismo en Kafr Kanna, ni siquiera como antigua tradición. El último en hacerlo, con todo detalle, había sido el franciscano Roger en 1631. Por tanto, es indudable que en este período de 10 años tuvo lugar el traslado de la tradición a Meschad, que ya la tenía parcialmente, puesto que en 1333 Isaac Khelo dice expresamente que *"Meschad c'est la patrie du prophète Jonas [et] Kefar Kenna renferme le tombeau"*[201].

50. Faostino da Toscolano (1633-1643)

En el mismo año en que vio la luz la monumental *Elucidatio Terrae Sanctae* de Quaresmio peregrinaba por los Santos Lugares Faostino da Toscolano, también franciscano, que redactó su obra al regreso a Italia y la concluyó en 1654, aunque no vio la luz hasta nuestros días. Su identificación de Caná en Kafr Kanna, con los mismos argumentos, deja patente la rápida difusión que alcanzó la opinión de Quaresmio, respaldando la teoría y práctica ortodoxa de Kafr Kanna:

"Partendosi da Nazaret, per andare al mar di Tiberiade si passano alcuni monti, colli e ville, fra le quali si trova Cana di Galilea, ove Giesù convitato a quelle nozze convertì l'acqua in vino, hoggi chiamata da paesani Cafarcannà, et altri Sopher Cana. (...) Distante da detta villa nella sua piana valletta un tiro di moschetto sta una fonte et intiera chiesa, hoggi moschea de maomettani, sopra la cui porta in un concavo che fa l'archetto di quella si vedono vestigii d'antiche pitture di tre hidrie o giarre. Dentro detta chiesa esta un'elevato muretto, e credo fusse l'altare nel quale dicono sii murata una di quelle idrie nella quale nostro Signore convertì l'acqua in vino.

Fuori de la chiesa, alla sinistra, sta la sorgente fonte alla quale si scendono 5 gradi di polite scale di marmore, nella quale

---

Afortunadamente disponemos de la descripción del P. BAGATTI (*Antichi Villaggi Cristiani di Galilea*, 37-41), aunque es anterior a la moderna construcción actual.

[200] QUARESMIO, II, 855 (1ª ed.), 641 (2ª ed.) y 400-402 (ed. DE SANDOLI).

[201] Vid. supra, parágrafo 26, *"Burchardo de Monte Sion"*.

furno impite l'idrie d'acqua (...) nelle sodette nozze, il cui sposo
fu Simon, zelote cananeo...

Alla sinistra di Cana, sopra un monte, non molto lontano
dalla villa Arena [Reina/er-Reneh] si vede Michiet [Meschad],
ove sta una moschea o capella sempre serrata e da turchi
custodita nella quale sta il sepolcro di Jona profeta, ove fu
sepolto come sua patria, ma il corpo fu traslatato in Caldea nella
città di Medinet"[202].

Toscolano llama sin ambages *"chiesa"* a la *"moschea de
maomettani"*, o antigua tumba de Jonás, sin nombrarla de esta
manera, pues la describe tambien en Meschad.

La interpretación que hace del "santuario" y las tres jarras no
puede tratarse de una idea original de Toscolano, porque esta
interpretación la encontramos escrita también en los itinerarios
posteriores de Morone da Maleo (1669), Doubdan (1654) y Nau
(1679), los cuales no pudieron tomarla de Toscolano porque no
conocieron su itinerario, ya que no vio la luz impresa hasta 1992. La
coincidencia entre el viaje de Toscolano y la publicación de la
Elucidatio invita a pensar que esta idea circulaba con toda naturalidad
en los ambientes franciscanos que frecuentaba Toscolano en Tierra
Santa y que, lógicamente, ha de proceder de la única fuente de
autoridad que acababa de sugerir veladamente (por escrito) identificar
en una de "las iglesias" de Kafr Kanna el anhelado santuario de las
bodas.

De la *Elucidatio* de Quaresmio procede llamar "iglesia" a la
mezquita, y también la idea de que fue Simón el zelotes el novio de
las bodas, a lo cual dedica Quaresmio un excursus, partiendo de la
sugerencia hecha por Nicéforo Calisto.

51. Morone da Maleo (1652)

Después de la publicación de la *Elucidatio Terrae Sanctae* de
Quaresmio ya no se encuentra ningún itinerario que conceda crédito
alguno a las ruinas de Caná del Battof, que va siendo progresivamente
olvidada, salvo una breve alusión del viajero inglés Henry Maundrell
en 1697.

Fr. Mariano Morone da Maleo fue Custodio de Tierra Santa en
el bienio 1652-53, once años después de haberse comprado la casa

---

[202] FAOSTINO DA TOSCOLANO, *Itinerario di Terra Santa*. Spoleto 1992, 519-520.

contigua al "santuario". En 1669 publicó su obra *Terra Santa nuovamente illustrata,* donde hace una descripción de Kfar Kanna no exenta de un cierto sentido crítico:

"Sopra d'un Monte, alla sinistra se ne scuopre un'altra [villa], detta Michiet [Meschad], con una Moschea, dentro la cuale dicono fosse sepolto il Profeta Giona, li Caldei però, si vantano d'haver' il Corpo di questo Santo nella Città di Ninive; (...) non vi s'approssimano però li Pellegrini per la malvagità d'un santone, che vi habita.

Canna di Galilea. Lasciatasi a dietro la soprascritta Villa, s'entra nella Valle di Zabulone, e dopò due miglia s'incontra nella Città di Canna (...). Di che pure ne fè mentione Bonifacio, ma però inavertentemente nota due errori; il primo è, che colloca questa Città nella Tribu di Aser, pigliando forsi la seconda Canna per questa, trovandosi tre luoghi di questo nome; Il secondo, che pianta il luogo del miracolo vicino al Fonte, che si trova avanti la terra; il che è senza fondamento, e contro la commune, e però per più ragioni falso.

E prima, Niceforo lib. 8 dell'historia Eccl. c. 30. afferma, che S. Helena ove Christo convertì l'acqua in vino alzò fabriche memorabile: *Helena Constantini Magni Mater in Cana Galileae, ubi Simonis Canannei nuptiae celebratae sunt, Sacram Aedem aedificavit;* e Brocardo (...) scrive, che fino a'suoi tempi la fabrica si trovò in piedi in forma de Triclinio, o Rifettorio, nel quale erano le sei hidrie (...), ma che occorre il testimonio d'altri, quando io medesimo, che vi fui due volti, lo vidi in essere, & osservai benissimo la forma, & architettura della fabrica, come anche nell'entrare notai sopra una porta tre hidrie scolpite nella pietra viva in memoria del miracolo qui operato, e non al Fonte, ove non si vede inditio alcuno di fabrica, nè sito proportionato per farvela, essenndo luogo publico, come si dirà appresso.

Secondariamente, in quei Paesi ove non sono pozzi, nè cisterne, ma un solo Fonte, che serve à tutto il Popolo, questo non si serra, ò chiude nel recinto d'alcuno particolare, ma si lascia in publico, & in libertà ad ogn'uno; dunque non è da credere quel che dice Bonifacio, che quì se banchetasse, e vi fosse fabrica, mentre non vi era altr'acqua ivi.

Terzo, questo Fonte come publico, anche a'passaggieri, era fuori di Canna sù la strada publica, e li Vangelisti dicono, che *non propè, nè ante Canam* ma in Canna si fecero le nozze; adunque nella Città, e non fuori di essa successe il miracolo"[203].

Morone confirma que en Meschad se decía estar sepultado Jonás, aunque no llegó a visitar la mezquita.

Refuta a Bonifacio de Ragusa por situar Caná en la Tribu de Aser, como hace Quaresmio, inmerso también Morone en la confusión originada por Adrichomio. No encontramos explicación a la atribución que hace a Bonifacio de colocar el lugar del milagro junto a la fuente, pues éste no hace alusión ninguna a la fuente ni al lugar del milagro. En cualquier caso, tal refutación la hace para defender que el sitio no podía ser la fuente, sino el "santuario", según probaban las tres jarras "esculpidas en memoria del milagro", que él mismo vió.

Por prueba de la iglesia de Sta. Elena aporta el testimonio de Nicéforo Calisto, historiador bizantino del siglo XIV, muerto hacia 1350, como ya había hecho Adrichomio. El convencimiento de estar ante aquella iglesia hizo ver a Morone, como antes a Toscolano, y después a Doubdan, Nau y tantos otros hasta nuestros días, una representación de las seis hidrias de las bodas de Caná en tres simples jarrones de flores, decoración universal y relativamente frecuente en sinagogas y edificaciones judías[204].

52. Jean Doubdan (1654)

Le Voyage de la Terre-Sainte del canónigo francés Jean Doubdan expone con claridad la cuestión de las diversas hipótesis sobre la localización de Caná y es el primero en advertir de la contradicción de Adrichomio que, apoyándose en el *Onomasticon* coloca, sin embargo, Caná en la tribu de Zabulón (aunque describa y sitúe en su mapa Kh. Qana, y no Kafr Kanna). Luego describe con detalle la fábrica de la mezquita de Kafr Kanna, que ya era tenida por todos, y también por él, como la famosa iglesia de Sta. Elena:

"Le mercredy huictiesme, nous allasmes voir la Ville de Cana, où Nostre Seigneur assista aux nopces (...) à cinq ou six milles, & au Septentrion de Nazareth. Saint Iean l'appelle Cana de Galilée, à la difference de trois autres Villes appellées du mesme nom, l'vne en la Tribu d'Ephraim, l'autre du costé de

[203] M. MORONE DA MALEO, *Terra Santa nuovamente illustrata*. Piacenza 1669, 360.
[204] Vid.: E. R. GOODENOUGH, *Jewish Symbols in the Greco-Roman Period*, New York 1953, Vol. III, nn. 36, 460, 470, 477, 516, 556 y 613.

Sidon, dans la Phoenicie, & la tribu d'Aser, appellée Cana la Grande, & la troisiéme Sephercana, proche de Nazareth, que plusieurs tiennent estre la mesme que nostre Cana de Galilée, estant presque dans le coeur de cette Province. Toutefois il y en d'autres qui les divisent, & en font deux places differents, mettant Cana de Galilée, qu'ils appellent aussi la petite, à dix milles de Nazareth, entre l'Occident & le Septemtrion, & Sepher-Cana, à quatre milles seulement de la mesme Ville, entre l'Orient & le Septentrion, & à cause de la proximité de Nazareth, ils pensent que c'est celle cy que fut honorée de ces nopces, & de ce premier miracle de Nostre Seigneur.

Adrichomius parlant de deux Villes de Cana, en met vne en la Tribu d'Aser, qu'il appelle la Grande, & pense que c'est celle dont parle Iosué (...) & l'autre en la Tribu de Zabulon, qu'il nomme Cana de Galilée, & la petite où Nostre Seigneur (...); mais il faut prendre garde qu'il met, comme aussi tous ceux qui le suiuent, cette ville de Cana, signalé par ce miracle, en la Tribu de Zabulon, & cite sainct Ierôme, lequel neantmoins en termes exprés, la met & assigne dans celle d'Aser, comme on peut connoistre par ses mesmes paroles: *"fuit autem Cana (...) et Galilaea gentium"*.

Pour visiter ce lieu que Nostre Seigneur a honoré deux fois de sa presence, nous allasmes avec vn Religieux & le Truchement (...) De là on monte par vn petit tertre, où il y a une place au milieu du chemin, qui n'est que de roche, à fleur-de-terre, sur lesquelles sont trois ou quatre vestiges de pieds enfoncez plus de quatre doigts; mais fort éloignez l'un de l'autre, qu'on dit estre des pieds du Prophete Ionas, qui demeuroit vn peu plus avant en un petit village nommé Gethefer, & Get en Opher, duquel il est parlé en Iosué, au quatriéme des Roys, & en Sainct Ierôme, en la Preface du mesme Prophete, lequel adiouste que de son temps on y voyait encore son tombeau.

De là descendant vne petite vallée pierreuse, nous arrivasmes à Cana, qui n'est plus qu'vn chetif village, qu'il nous fallut traverser d'vn bout à l'autre, pour voir l'Eglise que saincte Helene a fait bastir á la place de la Maison que Nostre Seigneur a honoré de ce premier miracle, c'est un bastiment fort ancien tout fait de pierres de taille qui consiste en deux grands corps de logis, dont celuy de main droite est l'Eglise qui est une voute longue environ de quarante pas et large de vingt, sostenuë au milieu d'un rang de colonnes, et quelques fenestres qui y donnent le iour. Elle est toute deserte, et neantmoins encor toute entiere, et sert de Mosquee à ceux du pays, et dessous icelle est une Chapelle qu'on dit estre au mesme endroit ou Nostre Seigneur fit cette merveille. L'autre partie est un grand logis qui estoit la demeure des Ecclesiastiques, ou à present logent les Santons, et entre ces deux bastimens est une cour assez spacieuse sur la porte et entree de laquelle est une grande pierre qui sert de linteau, ou sont taillez en relief trois pots ou cruches avec quelque escriture ancienne et à moitie effacee qui fait paroistre que c'est le mesme lieu ou ce grand miracle a esté fait"[205].

Doubdan es la única fuente que hace mención de las huellas de Jonás en algún lugar entre Reina/er-Reneh y Meschad, a la que da el nombre de Get-Hepher, confirmando que allí veneraban ya su tumba, según habían dicho también Quaresmio y Toscolano.

Su descripción de la "iglesia de Sta. Elena" es detallada: una planta de 40 pasos de largo por 20 de ancho, con una hilera de columnas al medio que la convierte en una fábrica de dos naves. De ella dice que "sirve de Mezquita a la gente del país", y que hay también una pequeña "capilla" (cripta), que fue el lugar de las bodas, sin duda por relacionarla con la verdadera cripta subterránea de Kh. Qana, que tantos itinerarios citan desde 1112. Esta cripta se mantuvo en la iglesia que se construyó sobre las ruinas de la mezquita en 1880, y permaneció hasta las excavaciones y remodelación de la iglesia en 1997. Estaba, originalmente, a 1,25-1,50 m. bajo el nivel del suelo[206], pero se ignoran sus primitivas dimensiones.

Había una edificación aneja, que servía de morada "a los santones", y entre ésta y la mezquita un patio grande, en cuya puerta de acceso estaba el dintel ya conocido con el relieve de los tres jarrones. Doubdan no llama expresamente hidrias a las jarras, pero afirma la misma idea.

---

[205] I. DOVBDAN [JEAN DOUBDAN], *Le Voyage de la Terre-Sainte*. Paris 1691, 510-512. - La 1ª edición es anónima: Paris 1654, 582-585. - BALDI, nº 263, p. 212.
[206] CLERMONT-GANNEAU, "La Mosaïque hébraïque de Kefr Kenna", en *RAO* IV, 358.

53. Michel Nau (1668)

En 1679 se publicó en París el *Voyage Nouveau de la Terre-Sainte*, del misionero jesuita Michel Nau, que describe Kfar Kanna según el esquema ya convertido en clásico y que se repetirá hasta el siglo XX: afirmación del lugar, omisión de Qana del Battof y descripción del "santuario", las "hidrias" y la fuente. Del "santuario" de Kafr Kanna, tenido por la iglesia conmemorativa de las bodas, aporta el nombre turco, "la mezquita florida", indicativo de que el edificio debía de ser ciertamente bello:

"Dans Cana de Galilée... nous visitames avec respect le lieu auguste (...) ou estoit placée, la maison des Nopces (...) Elles se celebrerent dans une maison qui estoit a la place ou l'on voit a present l'Eglise qui est ancore entiere, dont les Turcs on fait une Mosquée, et qu'ils appellent *Gámeâ Elashar,* la Mosquée fleurie.

Cette Eglise avec sa cour et san entrée, fait un carré. On entre d'abord sous un portique terrassé, par une porte de mediocre grandeur, sur le haut de laquelle on voit la figure de trois cruches en bas relief: Elles ont presque la forme de nos pots a fleurs, excepté que le ventre n'en est pas si rond, mais plus quarré: Elles ont leurs anses, et leur pied de mesme. La cruche du milieu est plus grande que les deux autres. Comme la pierre sur laquelle elles sont, est assez petite, elles le sont aussi, et le Sculpteur qui les a faites en cet endroit, n'a pas pretendu les faire telles qu'elles estoient dans leur vraye figure: et s'est contenté de nous donner un monument du Miracle que Jesus-Christ fit en ce saint lieu. De ce portique on entra dans une cour, sur laquelle du costé Septentrion, il y a une petite porte ouverte qui est la porte de l'Eglise. Cette Eglise est assez grande, elle ressemble a une sale, qui pour estre trop larga, a besoin de colomnes, qui en soustiennent la voute par le milieu. Car il y a ainsi des piliers dans toute sa longueur, et elle est partagée en deux nefs sans aîles (...)

Je croirois assez que le lieu des cruches estoit sous terre (...) et a l'endroit ou est le bastiment d'aujourd'huy. Mais je douterois que le Refectoir fust si enfoncé, bien que la colline, sur le bas de laquelle cette Eglise est bastie, ait pu donner occasion de le creuser un peu en terre.

A une portée de mousquet de là, on montre une Fontaine ou l'on dit que fut prise l'eau dont les cruches furent remplies.

Il y a une petite Chappelle avec san parvis bien pavé de belles pierres, que les Turcs ont aussi profanée, en y faisant l'exercice de leurs prieres et de leur infidelité"[207].

Despúes de Kafr Kanna describe Meschad, sin nombrarla, y su mezquita con el sepulcro de Jonás.

A pesar de participar del convencimiento general de estar ante la iglesia bizantina, no llama "hidrias" a las figuras en relieve del dintel, que describe "como nuestros jarrones de flores" (y eso debían de ser verdaderamente), dando una explicación acomodaticia a la insólita interpretación que veía seis hidrias en tres jarrones: que el escultor no pretendía reflejar la viva realidad, sino hacer una especie de alusión simbólica.

Hasta el descubrimiento en 1901 del mosaico con la inscripción aramea, las "hidrias" fueron la única "prueba" que demostraba que la *Gamea Elashar* era la basílica bizantina que Sta. Elena había hecho construir en el lugar donde Cristo hizo el primer milagro.

Es desconocida la pequeña capilla que dice haber junto (¿) a la fuente. Toscolano había dicho que la fuente estaba *"fuori de la chiesa, alla sinistra"*, pero debe de tratarse de una imprecisión, pues su expresión parece indicar que estaba inmediata a la "iglesia", cuando está a unos 500 mts, y ya dice Morone que en Kafr Kanna hay *"un solo Fonte... fuori di Canna sù la strada publica"*. David Roberts dejó una bella litografía de esta fuente tal como era en el siglo XIX, coincidente con la descripción de Toscolano, aunque seguramente magnificada en sus proporciones, como era habitual en Roberts[208].

54. Henry Maundrell (1697)

El último itinerario que comentamos, dado que ya no hay ninguna novedad en la cuestión fundamental de la localización de la evangélica Caná de Galilea[209], corresponde a Henry Maundrell, clérigo anglicano perteneciente al consulado británico en Alepo

---

[207] M. NAU, *Voyage Nouveau de la Terre-Sainte.* Paris 1679, 608; Paris 1757, 598-602. - BALDI, n° 264, p. 213.

[208] D. ROBERTS, *The Holy Land,* London 1990, II-26 (*plate* 33).

[209] Cf. F. HASSELQUIST, *Voyages dans le Levant dans les années 1749-1752.* Paris 1769, 232. - [F. BEAUGRAND] *Relation fidele du voyage de la Terre Sainte, par un religieux de S. François Observantain, qui a fait le Voyage trois fois.* Paris 1760, 22-23.

(Siria), que dejó escrito un minucioso diario de su peregrinación a los Santos Lugares en 1697.

A pesar de hacer ya medio siglo que se había impuesto la "tradición" de Kafr Kanna, Maundrell omite toda descripción de esta villa, tal vez por simple prudencia, dado que, habiéndose alojado con los franciscanos de Nazaret, no es pensable que ignorase la cuestión. Sin embargo, parece que discrepaba de esta novedad, pues cita Kh. Qana, sin entrar en ninguna polémica, cuando dice haberla visto desde las alturas de Nazaret (como Sta. Paula), al girar al oeste para dirigirse a Séforis:

> "We directed our course for Acra, in order to which, going at first northward, we crossed the hills that encompassed the vale of Nazareth on that side; after which we turned to the westward, and passed in view of Cana of Galilee, the place signalized with the beginning og Christ's miracles. In an hour and a half more we came to Sepharia"[210].

---

[210] H. MAUNDRELL, *A Journey from Aleppo to Jerusalem at Easter, A:D: 1697.* Oxford 1746 (2ª ed), 116-117. - T. WRIGHT (ed.), *Early Travels in Palestine.* London 1848, 481.

Tercera Parte

LOS DATOS ARQUEOLOGICOS

55. Los restos arqueológicos de Kafr Kanna.

Después de la primera compra de la casa contigua al "santuario", en 1641, prosiguieron las tentativas para adquirir la totalidad del inmueble, en el firme convencimiento de estar ante la iglesia de Sta. Elena. Fue una dificilísima y dura contienda que se prolongó durante más de dos siglos[211]. Finalmente, después de haberlo comprado y pagado 5 veces y haber invertido una ingente suma de dinero, se llegó a su completa posesión en 1879[212].

En fecha incierta, probablemente en 1898, el P. Geissler, activísimo misionero de grandes frutos apostólicos, encontró en el subsuelo del "santuario", al hacer las obras de la iglesia, un fragmento de mosaico con una inscripción en arameo, cuyo texto fue dado a conocer, para su interpretación, al eminente epigrafista francés Clermont-Ganneau en 1900, el cual lanzó, con grandes cautelas *("l'hypothèse est fragile, je le reconnais")*[213], la hipótesis de que podía tratarse de una inscripción relativa al famoso conde José de Tiberíades, convertido del judaísmo, que hizo edificar, por orden de Constantino, las iglesias de Tiberíades, Cafarnaúm, Séforis y Nazaret, según dice S. Epifanio[214] y, por tanto, podía ser un indicio de la iglesia

---

[211] Quien conozca el mundo musulmán de Tierra Santa sabrá comprender ciertas omisiones en esta parte. "Qui habet aures audiendi audiat".

[212] SODAR DE VAULX, *Los esplendores de Tierra Santa*. Madrid 1892, 377-390.

[213] CLERMONT-GANNEAU, "La mosaïque hébraïque de Kefr Kenna", en *RAO* IV, 345-360.

[214] S. EPIFANIO, *Panarion (Adversus Haereses)*, 30, 11 (*PG* 41, 426); BALDI, n° 433, p. 296; Vid.: F. MANNS, "Joseph de Tibériade, un judeo-chrétien du quatrième siècle", en *Christian Archaeology in the Holy Land. New discoveries*, Jerusalem 1990, 557.

bizantina, aunque no consta que ni él ni ningún otro hubiese edificado basílica alguna en Caná.

Esta hipótesis se basaba en el hecho de que la inscripción parece contener la frase "en memoria de José, hijo de Tanhum", aunque no se sabe de qué hecho pretente guardar memoria: si de la construcción de la probable sinagoga o del pavimento en mosaico al que pertenece la inscripción. Aunque Clermont lanzó la hipótesis con muchas dudas y la abandonó tácitamente poco después, esta inscripción hebrea fue tomada como una prueba más de la presunta iglesia de Sta. Elena[215]. Hoy día ya nadie sostiene esta interpretación, pues la inscripción es claramente judía y forma parte de un ambiente judío[216]. El posterior descubrimiento de otro mosaico en Séforis, conteniendo la frase "en memoria de Rabbi Yudah, hijo de Tanhum, que donó este mosaico", coincidente en el estilo y los términos con el de Kafr Kanna, dio nuevas luces a esta cuestión[217].

En 1898, probablemente al mismo tiempo que el mosaico, el P. Geissler había encontrado también una tumba, circunscrita por un ábside, al N. de la cripta, de la que no dio publicidad pues, de hecho, fue ignorada por todos[218], pero en la revista del Comisariado de Tierra Santa en Washington se hizo una sucinta reseña, recientemente traducida al italiano:

"Il Rev.do P. Egidio Geissler, fondatore della misione cattolica in Cana ha intrapreso il compito di riportare al suo primitivo stato l'antico santuario sorto sul luogo dove il nostro divin Salvatore ha cambiato l'acqua en vino. A questo scopo, con l'aiuto di benefattori ha comperato alcuni pezzi ti terra dove giacciono le rovine di una chiesa costruita da Santa Elena. Il posto si trova dietro l'attuale cappella. Dopo accurate ricerche si era persuaso che là sicuramente si sarebbe dovuta trovare l'abside di questo antico edificio e gli scavi effetuati hanno

---

[215] Se repitió aquí lo mismo que había sucedido con Quaresmio: que, por la autoridad de quien lo decía, se tomó por cierto y probado una opinión manifestada simplemente como posible.

[216] M. AVI-YONAH, "Mosaic Pavements in Palestine", en *QDAP* 2 (1932) 178-179, nº 167.

[217] Idem nota anterior, nº 296. También: P. VIAUD, *Nazareth*, Paris 1910, 179-184; BAGATTI, *Galilea*, 120; MEISTERMANN, *Guida di Terra Santa*, 685.

[218] Cf.: *"Il P. Geissler scoprì nella cripta una porta dalla parte di nord. Nella speranza di trovare la sala del festino s'accingeva a riprendere le sue esplorazioni quando la morte lo colse (8 aprile 1905)"* (MEISTERMANN, *Guida di Terra Santa*, 554).

confermato la giustezza della sua idea. Egli ha ritrovato non solamente il luogo del miracolo, dove si trovavano le giare di pietra, e un silo per il grano, ma anche un certo numero di preziosi resti archeologici: la base di una grossa colonna, il capitello di una colonna e la tomba di Tanchum[219], un famoso giudeo convertito al cristianesimo. Dai risultati degli scavi si può concludere che l'antica basilica aveva tre absidi conformandosi alla pianta delle basiliche di Nazaret e del Monte Tabor"[220].

En el plano de la iglesia que publicó en la misma Revista, poco antes de morir, no vienen señaladas la tumba ni el ábside, pero sí otra tumba en el pórtico de la actual iglesia con la leyenda *"Grab des Archimandriten"[221]*, según la interpretación que al P. Geissler le pareció más idónea.

El P. Loffreda, del Studium Biblicum Franciscanum, realizó una nueva excavación en 1969, identificando un edificio religioso judío bajo la nave central de la iglesia, que se prolonga al N por el exterior. No se encontró ningún resto cristiano[222].

Más recientemente, en 1997, el P. Eugenio Alliata, del Studium Biblicum Franciscanum de Jerusalén, llevó a cabo, con ocasión de la completa remodelación de la iglesia, una nueva excavación arqueológica, de la que ha publicado una primera memoria:
"Un edificio funerario bizantino (sec V-VI). Di questo rimane solamente un'abside che contiene una tomba (...). L'abside di nord della chiesa attuale riposa infatti esattamente sopra l'abside antica. L'orientamento anomalo dell'abside ritrovata (rivolta a nord invece che a est) può aver condotto il padre Geissler a non pubblicizzare il ritrovamento, che di fatto

---

[219] Esta atribución de la tumba a Tanchum prueba que el mosaico y su interpretación ya eran conocidos en 1898, que probablemente fueron descubiertos al mismo tiempo, y que la hipótesis de Clermont no es absolutamente original. Tal vez le fue sugerida cuando se le envió la fotografía del mosaico.

[220] Vid. E. ALLIATA, "Cana di Galilea. La ricerca dell'archeologia", en *La Terra Santa* (gennaio-febraio 1999) 17-18. Texto original alemán en *Der Kreuzfahrer Kalender* 6 (1898) 68.

[221] E. GEISSLER, "Die Kirche von Cana in Galiläa", en *Der Kreuzfahrer Kalendar*, Washington 1905, 29.

[222] S. LOFFREDA, "Scavi a Kafr Kanna", en *LA* 19 (1969) 328-348.

fu ignorato da tutti. Non è stata confermata l'appartenenza di quest'abside a un edificio ecclesiastico più vasto"[223].

Tampoco en esta ocasión se encontró ningún resto cristiano, pero se confirmó como una sinagoga el edificio del s. IV, identificado por Loffreda.

Otros restos arqueológicos de Kafr Kanna fueron estudiados cuidadosamente por el P. Bagatti[224].

56. Los restos arqueológicos de Kh. Qana

Como ya queda dicho más arriba, en el comentario a Belardo (epígrafe 19), los PP. Testa y Antonucci localizaron en 1965 la gruta venerada por los peregrinos en Kh. Qana, de la que hizo un detallado comentario el P. Bagatti en el *Liber Annuus*[225]. En el convencimiento de estar ante los restos de una tradición simplemente pasajera, no se le dio mayor importancia.

En nuestras visitas a Kh. Qana del 25 y 26 de febrero de 1998 y en las posteriores hasta el 23 de julio del mismo año pudimos ampliar el horizonte de los hallazgos fundamentalmente con estas seis nuevas aportaciones:

1. La indefinida "piedra redonda" de la gruta, según el P. Bagatti, es en realidad un vaso rocoso bien labrado, de forma semiesférica, de 12 cm. de espesor, 58 de diámetro exterior, 33 de diámetro de la cavidad interior y 25 cm de profundidad (que en aquél momento contenía agua, probablemente por condensación) y permanece adosado al ángulo de la pared por una espesa capa de cemento. Está fracturado.

2. La larga piedra de 12 cm. de espesor medio y 205 de largo está enterrada en los apósitos del suelo de la caverna cuando menos 68 cm, lo que hace factible la suposición de que, más que un *banco di pietra*, pudiera tratarse de un conjunto de mesa e hidria conmemorativas o, tal vez, una mesa de altar, aunque lo que puede apreciarse de la gran losa hace suponerla de una factura muy rústica.

---

[223] E. ALLIATA, "I recenti scavi a Kefer Kenna", en *La Terra Santa* (gennaio-febraio 1999) 16-17.
[224] B. BAGATTI, *Antichi Villaggi Cristiani di Galilea.* Gerusalemme 1971; "Le Antichitá di Kh. Qana e di Kefr Kenna in Galilea", en *LA* 15 (1964-65) 251-299.
[225] Idem nota anterior.

3. El descubrimiento de otras dos salas contiguas a la única conocida de la caverna, a nivel progresivamente descendente, con acceso por la pared oriental de la primera a la segunda sala e igualmente de ésta a la tercera. El acceso a la segunda sala estaba oculto por la gran cantidad de tierra y piedras que desde el exterior entra hasta la tercera sala, semi-obturando también el acceso entre la segunda y tercera salas. En la segunda sala se puede ver una columna granítica de 48 cm. de alto y 46 de diámetro con sendas incisiones en sus bases, aparentemente procedente del acceso de la 1ª a la 2ª sala, y desplazada al lugar actual como efecto del derrumbe mencionado, que debió de ser de una notable violencia, dado que hizo romper esta columna en el impacto contra la pared E. de la 2ª sala, en la que pueden verse otras piedras sillares.

También se observó la existencia de una abertura al exterior de forma circular practicada en el techo de la tercera sala, de unos 50 cm de diámetro aproximadamente, situada a unos 2 metros sobre el nivel actual del suelo, elevado ahora por la gran cantidad de material de derrumbe y piedras que habría entrado en este caso por la misma boca y que, probablemente, ocasionó su propia oclusión. Después reconoceríamos en la superficie exterior de la gruta el lugar que parece corresponder a esta boca, actualmente oculta y cegada por una capa de tierra, piedras y vegetación, y que está prácticamente en el centro de la superficie llana que hay sobre la gruta. Excluida la posibilidad de tratarse de la boca de una cisterna, cabe contemplar como primera hipótesis la de tratarse de una entrada de luz natural a la tercera sala de la gruta.

4. El hallazgo de nuevos grafitos, conteniendo cruces.

5. La probable identificación del pozo venerado por los peregrinos, a juzgar por las descripciones de los mismos y por el hecho de ser el único de la ocupación meridional de Kh. Qana que tiene perpetuamente agua.

6. La identificación de cuatro tumbas de apariencia cristiana (¿bizantinas?) en las inmediaciones del pozo venerado.

No hay restos evidentes, en la superficie, de una gran construcción o del tipo de una iglesia.

A 4 km. al oeste de Kh. Qana, unida por un camino que pasa por Jotapata, está Kaukab donde, según el testimonio de Eusebio de

Cesarea[226], dice Julio Africano (nacido en Emaús a mediados del siglo II y muerto hacia el 252), que tenía parientes Jesús. Aquí está, pues, la explicación de la presencia de Jesús y su Madre en aquéllas bodas de Caná, dado que fácilmente eran parientes de uno de los novios.

---

[226] EUSEBIO DE CESAREA, *HE* I, 7, 14: "En realidad, unos pocos cuidadosos, que tenían para sí registros privados o que se acordaban de los nombres o los habían copiado, se gloriaban de tener a salvo la memoria de su nobleza. Ocurrió que de éstos eran los que dijimos antes [los parientes carnales del Señor] llamados *despósinoi* por causa de su parentesco con la familia del Salvador y que, desde las aldeas judías de Nazaret y Cocaba [Kaukab, MR 173248] visitaron el resto del país".

MAPA TOPOGRAFICO DE KH. QANA

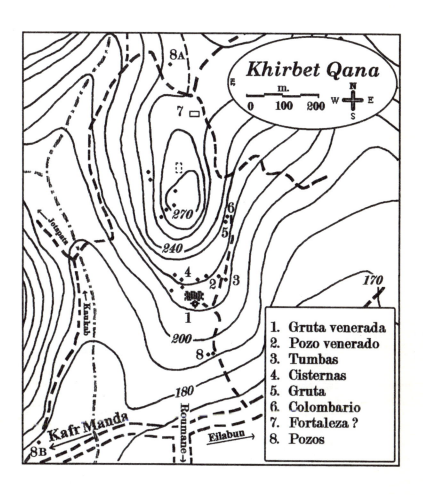

CONCLUSION

El orden metodológico impone desarrollar una conclusión, pero nos parece que, en este caso, podía obviarse. Las fuentes que hemos ido comentando son, en su conjunto, de tal claridad, que se impone por sí misma la conclusión de que la única Caná de Galilea que ha existido desde el nacimiento del cristianismo se localiza en la pequeña colina de Kh. Qana, en el Sahel el-Battof.

El conocimiento de cómo se originó la tradición actual en Kafr Kanna cierra completamente la cuestión. De aquel simple error humano, cuyas consecuencias se han prolongado en estos últimos siglos, no puede ni debe buscarse un responsable, pues hubo muchos factores que se concatenaron para llegar a la situación actual, entre los cuales no es el más pequeño las limitaciones de la arqueología, en sentido amplio, o de la historiografía del siglo XVII ni la siempre difícil situación social en la que debe sobrevivir el cristianismo en Tierra Santa. Con todo, el caso de Caná invita a renovar la prudencia en aquellas afirmaciones que, aunque no afecten en nada a la esencia de la fe, ciertamente, tienen sin embargo su importancia, pues cuanto más conozcamos de la historia de Cristo y de la geografía en que vivió, mejor podremos adentrarnos en el misterio central de la fe cristiana: el de que Dios se hizo hombre en el tiempo y en el espacio, en la historia y en la geografía.

Probablemente en pocas ocasiones se podrá resolver un caso de localización de un lugar bíblico con tanta certeza como el de Caná, pues frecuentemente hemos de conformarnos con un mayor o menor grado de probabilidad. Pero nuestra afirmación de la localización de Caná en Kh. Qana no excede los límites de la arqueología paleocristiana, y no pretende, por tanto, afirmar con certeza que la gruta de Kh. Qana fue el lugar mismo donde Cristo hizo su primer milagro, sino afirmar que el lugar que, invariablemente, la tradición cristiana de mil seiscientos años veneró como Caná de Galilea es la actual Kh. Qana.

No ha sido nuestro propósito, ni mucho menos, desacreditar la tradición actual que, por piadosa, es ya digna de veneración. Aunque el primer principio de toda labor investigadora es partir de una neutralidad completa no se puede evitar un íntimo deseo o predisposición previa. Si de la lectura de las páginas precedentes se dedujese una predisposición previa a encontrar afanosamente pruebas de la errónea tradición actual, ciertamente es un defecto más de estas páginas pues, contrariamente (y séanos permitido introducir aquí una nota de justificación personal), nuestro íntimo convencimiento inicial era el de la autenticidad de Kafr Kanna. La evidencia de los testimonios y de los hechos nos hicieron cambiar necesariamente de pensamiento, hasta llegar a la conclusión final que ahora afirmamos, lo cual no deja de ser, al menos para nosotros, una garantía y, al mismo tiempo, una vivencia evangélica de las palabras de Nuestro Señor: *La verdad os hará libres.*

Julián HERROJO

Del Instituto Español Bíblico y Arqueológico

Jerusalén

IDENTIFICACIONES PROPUESTAS

Topónimo	Fuente	Localización
Betsaida	Ricoldo de Monte Crucis	Kh. Mijdal/Mejdel MR 198247; o Tell 'Ureime/Oreime MR 200252
Cafarnaum	Innominado X	Shfar'am MR 166245
Caffar Cava	Vincent Stochovio	Kafr Kanna MR 182239
Cafreezeir	Cartulario Orden del Hospital	El Qasr/Uzeir MR 181244
Campo della zizania	Niccolò da Poggibonsi	Llanura de Genesaret/ Ginnosar, o Magadán
Cana	Flavio Josefo	Kh. Qana MR 178247
Cana el zelil	Francesco Suriano	Kh. Qana MR 178247
Cannazilil	Barbone Morosini	Kh. Qana MR 178247
Caphrausepth	Cartulario Orden del Hospital	El Qasr/Uzeir MR 181244

Topónimo	Fuente	Localización
Casale super mare Galilee	Ricoldo de Monte Crucis	Arbel/Kh. ʻIrbid MR 195246
Castelluccio Architriclino	Niccolò da Poggibonsi	Kh. Rigma MR 178247
Castro Zafetanum	Ricoldo de Monte Crucis	Shfarʻam MR 166245
Gastine de Jubeil	Cartulario Orden del Hospital	Umm Gebeil
Gat-Hepher/Getta-Choper	Jos, 9,13 Eusebio/Jerónimo, *Onomasticon* 70-73	Kafr Kanna MR 182239
Jefferkin	Anselmo Adorno	Kafr Kanna MR 182239
Quepsene	Cartulario Orden del Hospital	Kh. Meskene/Seba Khoubsat MR 188243
Ruma	Burchardo de Monte Sion	Kafr Kanna MR 182239
Seint Soffroun	Pelrinages et Pardouns de Acre	Shfarʻam MR 166245
Sydisayc	Anselmo Adorno	Hattin/Hittin (Nebi Shu'aib) MR 192245
Villa de Jacob	Abad Daniel	Ruma/ Kh. Ruma MR 177243

INDICE CARTOGRAFICO
(Referencias del Mapa Topográfico)

Ammudim/Kh. Umm el 'Amud	MR 188246
Arbel /Kh. 'Irbid	MR 195246
Dabburiye	MR 185233
Eilabun/'Ailabon	MR 187249
Ein Mahil/Ain el-Mahil	MR 183236
El Qasr/Uzeir	MR 181244
Hattin/Hittin	MR 192245
Jotapata/Kh. Yodfat/Kh. Jiffat	MR 17642485
Kafr Kanna	MR 182239
Kaukab	MR 173248
Kh. Mijdal/Kh. Mejdel/Magdala	MR 198247
Kh. Qana	MR 178247
Kh. Rigma	MR 17842468
Kh. Ruma/Rumet Heib	MR 177243
Meschad/Meshed	MR 180238
Reina/El Raineh	MR 179236
Rumana/Rumene/Rumani	MR 179243
Sakhnin	MR 177252
Séforis/Zippori/Safureh	MR 176239
Sejera/esh Shajara	MR 187240
Shfar'am	MR 166245
Tell el-Bedeiwiye/Hannaton/Asochis	MR 174243
Tell Oreime/Kh.'Ureime/Kinneret	MR 200252
Turan/Tur'an	MR 185242
Yafa/Iaphia de Nazaret	MR 176232

INDICE DE NOMBRES